《新时代新农村建设书系》总编辑委员会

总主编：陆学艺
总编委（以姓氏笔画为序）：
　　王　健　王　越　王义北　刘　涛　吴厚玖
　　陈兴芜　罗小卫　曹锦清　谢金峰

总策划：罗小卫　陈兴芜

"十一五"国家重点图书出版规划项目

新时代新农村建设书系
社会主义新农村建设理论探索系列
中国五村启示录丛书

全球化与新农村

广东雁田村个案研究

GLOBALIZATION AND
NEW COUNTRYSIDE
A CASE STUDY OF YANTIAN
VILLAGE, GUANGDONG PROVINCE

胡必亮　武　岩　范　莎　著

重庆出版集团　重庆出版社

图书在版编目(CIP)数据

全球化与新农村：广东雁田村个案研究 / 胡必亮,武岩,范莎著. —重庆：重庆出版社, 2016.10（2017.2重印）
（新时代新农村建设书系.中国五村启示录丛书）
ISBN 978-7-229-11741-2

Ⅰ.①全… Ⅱ.①胡… ②武… ③范… Ⅲ.农村—社会主义建设—研究—东莞 Ⅳ.F320.3

中国版本图书馆 CIP 数据核字(2016)第 259202 号

全球化与新农村——广东雁田村个案研究
QUANQIUHUA YU XINNONGCUN
——GUANGDONG YANTIANCUN GE'AN YANJIU
胡必亮 武 岩 范 莎 著

责任编辑：叶麟伟
责任校对：杨　媚
装帧设计：刘　颖

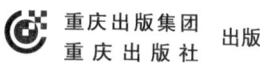
重庆出版集团
重庆出版社　出版

重庆市南岸区南滨路 162 号 1 幢　邮政编码：400061　http://www.cqph.com
重庆出版社艺术设计有限公司制版
重庆市国丰印务有限责任公司印刷
重庆出版集团图书发行有限公司发行
E-MAIL:fxchu@cqph.com　邮购电话：023-61520646
全国新华书店经销

开本：720 mm×1 000 mm　1/16　印张：10.25　字数：140 千
2016 年 10 月第 1 版　2017 年 2 月第 2 次印刷
ISBN 978-7-229-11741-2
定价：36.00 元

如有印装质量问题，请向本集团图书发行有限公司调换：023-61520678

版权所有·侵权必究

本书有少量图片来自资料，尚无法与权利人取得联系。为维护权利人的合法权益，我社已将该部分作品在重庆市版权保护中心备案。请权利人知悉后与该中心联系，由其代为处理。
电话：023-67708231

内容提要

改革开放以来,中国农村发生了巨大变化。尽管改革开放政策的实施具有很强的综合性效果,但有些地方的变化更多地是因为改革驱动而发生的,有些地方的变化则更多地是由开放发展带来的。广东省东莞市最早的"亿元村"雁田村的巨大变化应该说主要是在中国改革开放的大背景下实行开放发展的直接结果。开放使雁田村在一个好的时机通过融入国际市场而实现了开放导向的发展。

雁田村的成功发展是一系列因素共同作用的结果。从国内宏观背景看,当然得益于我国改革开放政策的实施;从国际背景看,则是在全球化快速推进的历史条件下国际产能转移与中国作为新的"世界工厂"的出现所形成的良好机会对接;从地理位置看,雁田村毗邻具有世界开放港美誉的香港,交通方便,资本来源充裕,具有独特的区位优势;从领导力看,雁田村自新中国成立以来一直都有一个坚强的领导班子,具有很强的决策能力和执行能力,等等。其中促使这些因素发生综合作用并产生积极效果的直接原因在于外资进入该村,由此带来了产业结构的调整,提供了新的非农就业岗位,完善了地方治理体系,使村庄发展产生了一系列积极的变化。

为了探讨这样一些国际国内宏观背景及其变化对中国南方一个普通村庄的影响,本书作者之一胡必亮在1992年邓小平南方谈话不久即来到雁田村,就外资进入对该村发展的影响进行全方位调查研究。经过连续25年深入细致的实地追踪调查,掌握了大量的第一手资料,形成了对该村发展变化比较系统的认识和理解,并与另外两位作者武岩和范莎进行研讨写就本书。本书将雁田村转型发展案例与全球化基本理论以及全球产业向中国转移的实际相结合,试图说明这中间存在某种联系;同时探讨中国农村某些地方的转型发展或者说其现代化过程在一定时期是否受到了来自全球化的影响,并观察这些影响产生了什么效果,例如对于雁田村而言,就产生了十分积极的影响。希望这本小书对其间联系的初步探索,可以启发我们在思考中国农村发展问题时,不要忘记来自全球化因素的影响;同时也提醒我们在思考进一步的全球化推进过程中,不要忘记中国在其间的重要意义与价值。在新的历史时期,正是由于中国积极融入全球化进程包括中国农村的积极融入,已经并将继续对全球化理论与实践的创新发展产生重要影响。

本书可供党政机关主要领导干部特别是县、乡(镇)、村主要干部,政府职能部门从事外事、外贸、外资工作的领导干部,从事对外贸易与投资以及从事国际金融的专业人士,从事国际经济和农村发展理论与政策研究的研究人员,大专院校相关专业的师生,从事国际贸易与国际投资的企业家,以及关心我国新时期构建对外开放新格局建设和在开放环境中建设社会主义新农村的读者阅读、参考。

作者简介

胡必亮 中南财经政法大学经济学学士、亚洲理工学院和德国多特蒙德大学联合理学硕士、德国维藤大学经济学博士、哈佛大学博士后。曾先后任美国东西方中心研究实习员、亚洲理工学院研究助理、世界银行驻中国代表处经济官员、法国兴业证券亚洲公司副总裁兼该公司驻北京首席代表和首席经济学家、中国社会科学院农村发展研究所研究员兼中国社会科学院研究生院教授和博士生导师、北京师范大学经济与资源管理研究院副院长、院长。现任北京师范大学教授、博士生导师,北京师范大学新兴市场研究院院长、"一带一路"研究院院长、南南合作研究中心主任。主要研究领域为农村发展、城镇化、新兴市场和"一带一路"。

1984年和1996年开始发表学术论文和出版学术著作。已出版个人独著作品《雁田新治理》(中国社会科学出版社,2012)、《工业化与新农村》(重庆出版社,2010)、《城镇化与新农村》(重庆出版社,2008)、*Village Economy in Central Thailand* (Bangkok: Thai Watana Panich Press Co., Ltd., 2007)、*Informal Institutions and Rural Development in China* (London and New York: Routledge, 2007)、《关系共同体》(人民出版社,2005)、《中国的跨越式发展战略》(山西经济出版社,2003)、《中国经济问题评析》(山西经济出版社,1998)、《发展理论与中国》(人民出版社,1998)等11部;合著 *Chinese Village, Global Market* (New York: Palgrave Macmillan, 2012)、《农村金融与村庄发展》(商务印书馆,2006)、《中国的乡镇企业与乡村发展》(山西经济出版社,1996)等。此外,还在国内外发表论文50多篇,给资本市场撰写英文分析报告100多篇,在《中国经济时报》开设"胡必亮专栏"两年多时间,撰写宏观经济评论文章近百篇。

研究成果曾两次获孙冶方经济科学奖(1994年两人合著,2006年个人独著),1997年获国家图书奖提名奖,2008年以独著英文学术著作获第二届张培刚发展经济学优秀成果奖。此外,还曾获国务院农村发展研究中心"农村经济社会发展研究优秀成果奖"二等奖(1988)和三等奖(1989),3次(2000,2002,2006)获中国社会科学院优秀科研成果三等奖。

作者简介

武 岩 2016年6月毕业于北京师范大学经济与资源管理研究院,获经济学博士学位。2014—2015年在澳大利亚国立大学克劳福德公共政策学院从事访问学者研究。现为北京工商大学经济学院讲师。主要研究领域为新型城镇化、农村经济、外国直接投资(FDI)和国际贸易,以及收入分配。

主要代表作有"The impact of foreign direct investment on urbanization in China"[*Journal of the Asia Pacific Economy*,2016,21(3)]、"Financial risk modeling and simulation based on vector auto regressive model"[*Journal of Simulation*,2015,3(6)]、《社会资本与中国农民工收入差距》(《中国人口科学》杂志,2014年第6期)、《中国保险业成长与经济发展的关系检验——基于面板误差修正模型的分析》(《上海经济研究》杂志,2013年第5期)、《城乡发展一体化战略与高等教育的机遇和挑战》(《中国高等教育》杂志,2013年15/16期),并参编《2014年广东服务业对外开放报告》(经济管理出版社,2014)一书等。

其代表作曾获2013年中国平安励志论文奖和2015年澳大利亚中国经济学年会优秀论文奖。

范 莎 北京师范大学硕士,其间曾就读于法兰克福财经管理大学,现为澳大利亚昆士兰大学博士研究生。主要研究方向为发展经济学、国际贸易与投资。目前博士研究课题为"发展中国家对外直接投资(OFDI)"。曾任北京师范大学新兴市场研究院研究助理,法兰克福东西方文商研究中心研究助理。

曾参与的研究课题有:2014年度国家社会科学基金重大项目"中国新型城镇化:五个维度协同发展研究";亚洲开发银行项目"Knowledge Work on Excess Capacity in the People's Republic of China"。已发表的主要论文有:《全球经济格局新变化与中国应对新策略》(《经济学动态》,2015年第3期)。

总 序

党的十六大以来,党中央提出了科学发展观、构建社会主义和谐社会两大战略思想,这是指引我们在新世纪新阶段继续推进改革开放、积极推动经济发展和社会全面进步、建设中国特色社会主义现代化事业的总方针。党的十六届五中全会提出了推进社会主义新农村建设的重大历史任务,这是贯彻落实两大战略思想的体现。从国家当前面临的经济社会形势全局看,我国的经济建设,工业化、城市化发展已经取得了举世为之瞩目的巨大成就,相形之下,我国的农业还比较脆弱,农村还比较落后,农民还比较贫苦,所以在"十一五"及今后一个相当长的时期内解决好"三农"问题,仍然是我们工作的重中之重。好在经过多年的努力,我们现在已经创造了解决好"三农"问题的条件。胡锦涛同志指出:现在"总体上已经到了以工促农,以城带乡的发展阶段,我们顺应这个趋势,更加自觉地调整国民收入分配格局,更加积极地支持'三农'发展"。胡锦涛同志的这个判断是完全正确的,提出的方针也是完全正确的。近几年,各级党委和政府以及相关部门执行了这个方针,采取了多项支农、惠农政策,增加了对"三农"的投入,减免了农业税,给粮食直接补贴,大力发展农村的教育、科技、医疗卫生等社会事业,建立农村最低生活保障制度,等等,已经取得了立竿见影的成效。最近三年,是新中国成立以来,农业、农村发展形势最好,农民得到实惠最多的时期之一。但是,我们也应该看到,我国的农业和农村结构已经进入了要进行战略性调整的重要阶段,面对农村经济社会正在发生的急剧深刻的变化,农业、农村发展面临着种种矛盾和挑战,要解决的问题千头万绪,需要党和政府的各级干部、各行各业的同志们，以及各界人士都来关注"三农"、研究"三农"、支持"三农"，为解决好"三农"问题出谋划策、贡献力量，把社会主义新农村建设好，这既是9亿农民的殷切期盼，也是21世纪中国在世界崛起的最重要的基础和力量源泉。

重庆出版社的领导和同志们，正是认识到党中央提出推进社会主义新农村建设战略的重要意义，心系"三农"，经过酝酿，决定策划组织出版一套《新时代新农村建设书系》，为推进社会主义新农村建设，为广大农村干部和农民提供丰富的精神食粮和强大的智力支持，我认为这是一件很有意义、很值得支持的好事。

《新时代新农村建设书系》按照中央提出的"生产发展、生活宽裕、乡风文明、村容整洁、管理民主"的建设社会主义新农村目标要求组织编写，内容涵盖农村政治、经济、文化、社会建设与管理和农业科技等方面，分为社会主义新农村建设理论探索、劳动经济技能培训、新型农民科技培训与自学、生态家园建设、乡村文化与娱乐、民主与法制、健康进农家等系列，每个系列由几套小丛书组成，从2007年起陆续出版。它旨在帮助县（市）乡（镇）各级干部更新观念、开拓思路，提高建设社会主义新农村的理论水平和决策能力；帮助广大在乡务农农民和进城务工农民掌握先进适用技术，提高科学文化素质，增强致富能力，增加经济收入，提高生活质量，造就有文化、懂科技、会经营的新型农民，为加快农村全面小康和现代化建设步伐作出应有的贡献。

这套书系有三个主要的特点：一是理论密切联系实际，紧扣新农村建设中的热点和难点研究问题，具有创新性和启发性；二是面向现代农业和国内外大市场，介绍新观念、新知识和新技术，具有先进性、实用性和可操作性；三是门类多样，形式活泼，通俗易懂，图文并茂，具有可读性。我认为从理论与实践的结合上，从读者的阅读需求上做这样的设计安排是比较合乎实际的。

建设社会主义新农村是一项长期而艰巨的任务，前进道路上要解决的问题还很多，因此，加强对社会主义新农村建设的理论研究十分重要。比如现代农业建设、农村体制综合改革、农业土地产权制度改革、农村金融改革、农业科技创新与转化、农民专业合作经济组织建设、贫困山区的脱贫致富、农村生态环境建设、农村民主政治建设等若干重大的理论问题和实践问题都有待进一步深入研究；同时，及时总结新农村建设中的经验教训，积极探寻新农村建设的各种模式，以及弄清城镇化与新农村建设、全球化与新农村建设、工业化与新农村建设等之间的关系，等等，都是很有必要的。

农民是建设新农村的主体。他们对享受丰富多彩的精神文化生活，掌握先进的科学技术，勤劳致富，建设幸福美好的家园有着强烈的渴求。本书系如能为满足农民朋友的这些多种多样的需求奉献涓滴力量，当是编委、作者和出版者都感到欣慰的事。

我殷切地期望本书系的出版将受到从事新农村建设的广大农民朋友和农村基层干部的欢迎，对推进新农村建设的政府部门领导干部、从事"三农"问题研究的学者和一切关心新农村建设的社会各界人士也有所启发，在推进社会主义新农村建设中发挥积极的作用。希望大家多提宝贵意见，并惠赐佳作。

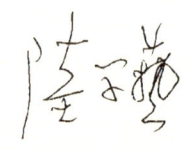

中国社会科学院荣誉学部委员
中国社会学会名誉会长
中国农村社会学研究会会长
2007 年清明于北京

前 言

我国是一个处于快速转型发展期的国家,既要转型,也要发展。转型到哪里,如何促发展,这是需要我们回答的基本问题。雁田村的实践给我们做出了很好的回答,为我们在这方面提供了一个很好的案例。

根据我们长期的实地调查与研究,雁田村的转型发展主要经历了两个大的阶段:第一阶段,主要是通过承接国际产业转移而实现其自身的转型,包括实现了以农业为主的产业结构向以制造业为主的产业结构的转型、以农业主导的就业结构转向以制造业为主的就业结构的转型、从封闭的指令性计划的小农经济向开放的面向全球的市场经济的转型;第二阶段,在第一阶段转型的基础上,通过村集体主动开拓市场,形成了不同于仅仅是承接国际产业转移的制造业,还从自身实际出发,根据市场需要创建和发展了一批新的产业如房地产业、酒店服务业、金融服务业、医疗服务业和教育服务业等,加上不断加强村里的道路、交通、供水和供电等基础设施建设,不断改善村庄环境,不断改进社会治理,以及不断提升村集体组织管理经济、保障民生和发扬民主的能力,使雁田从一个典型的村庄转型发展成为一座现代化的小城镇。从这样的角度看,雁田村转型发展的历史任务现在已经基本完成了。

但我们同时也清楚地看到,由于体制与制度的许多约束仍然存在,发展之路尚具不确定性。譬如说尽管雁田村目前实际上已经是一座小城镇了,但在现行行政管理体制下,雁田仍然还是一个行政村,至于什么时候可以转变成为真正的市或镇,那就很不确定了。这就呼唤着我国行政管理体制的深化改革,根据现实变化了的情况对我国的行政建制进行调整,像雁田这样的村就应该调整成为镇甚至调整成为市,而有些已经衰落了的镇或市就可以合并到其他市或镇中,或者调低行政级别,从地级市调低到县级市甚至镇。但这不是短期可以做到的,需要改革的进一步推进来解决这样的问题。再譬如说,雁田村本地居民只有3 000人左右,外来人口常年保持在7万至8万的规模,有些年份甚至超过10万。由于户籍制度的限制,这部分外来人口在许多方面是不能享受到与雁田村本地居民一样待遇的，比如说在看病、就业、住房、孩子上学等方面，还有在参与当地政治事务方面等都有很大差别，就形成了"一个村庄，两个世界"的局面。如果不能从制度上解决这样的问题，说不准外来人口哪一天就离开雁田了，雁田是否还能得到进一步发展，实际上是有一定的不确定性的。因此，从这个角度讲，雁田转型发展的任务并没有彻底完成，这就是雁田在其转型发展的第三阶段所要解决的问题。不过，这不是靠一个村自己能够解决的问题，而是与整个国家的整体改革发展规划及其推进速度与方式密切相关的。如果雁田的转型发展到基本完成了第二阶段的任务后就到此打住的话，雁田目前比较好的发展形势与势头也是有可能发生逆转的，这种情况要是真的发生的话，那就实在是太可惜了！

不过我们的基本判断是，雁田的转型发展是可以成功的，因为雁田还有一个十分特殊的原因，那就是其具有十分独特的区位优势——离深圳很近，离香港也很近。这直接有助于其实现接下来的进一步成功转型发展，其中很有可能的一种情况就是雁田将逐渐被进一步地转型而发展成为深圳大都市区的一部分，与深圳一起，更加深度地融入全球化浪潮，更加深度地进入全球市场。因此我们最终认为，雁田的转型发展是可以成功的。

很显然，我们的信心来自对进一步的全球化以及中国对全球化的进一步参与的基本判断。正是基于这样的基本判断，我们不仅认为雁田的转型发展一定可以成功，其他一些类似于雁田这样的村庄的转型发展也是可以成功的。因此，对于雁田这样一个案例的研究与解剖就具有了一定的普遍意义与价值。

这本小书首先给大家讲述了雁田村转型发展的真实故事。之所以说这个故事是真实的，主要是因为这个村改革开放以来所发生的转型发展之事都是在本书作者之一的见证下发生的，作者20多年的跟踪调查与该村20多年的快速转型发展在时间上高度一致与吻合，因此这个故事可以说是一个见证人的真实记录，应该是有一定的说服力和可信度的。

雁田村比较成功的转型发展是基于一个基本的前提条件的，那就是由于全球产业转移引起大规模外资进入中国，寻找新的投资市场。正是在这样的历史背景下，由于雁田毗邻香港和深圳，加上特殊的家族关系，因此雁田得到的外资比其他村要多，也相对要早一些，这样就为该村的转型发展赢得了先机。因此，本书在讲述了雁田村转型发展的真实故事后，即对全球化这样一个宏观背景进行了梳理，并把雁田的转型发展故事放到这样一个宏观背景之中来进行解读和理解，试图说明这两者之间存在着一定的关系或联系。这样，一种新的农村转型发展模式的图景就比较清晰了，我们这项研究的目的也就基本上达到了。

这是一项延续了25年持续跟踪研究的部分成果。由于研究所持续的时间长，涉及到许多人的辛勤劳动与无私奉献，我们在此很难将这些人名都说全，但有些人的名字是必须要提到的，那就是最早在20世纪90年代指导我们这项研究的时任中国社会科学院农村发展研究所所长的陈吉元先生、时任德国杜伊斯堡大学教授的何梦笔（Carsten Herrmann-Pillath）先生，还有参与雁田村实地调研的张军、姚梅、王晓毅、李静、张元红、李人庆、李国祥、冯兴元、刘燕生、张斌、刘洁、陈前恒、刘强、陈方、王洁、李金平、李卓、尧蛟、袁威、熊飞、王庆超、张梦雨、胡笛、葛雷、陈宇轩、刘红禹、魏培莉、靳文丽等都对该项研究直接或间接地作出了他们的贡献，我们表示衷心的感谢！

我国著名摄影师李玉祥先生曾应我之邀，于2006年两次与我一起到雁田村，根据我们研究的需要拍摄了许多照片，但由于我们本书的出版有些推后，过去的照片大多需要更新，于是另一位著名摄影师邹毅先生应邀参与拍摄，于2015年与我们同行，到雁田拍摄了最近的照片，这本书中最后所用的照片多为邹毅先生的作品。我们对两位摄影师为本书所作的贡献，也在此深致谢意！

在雁田村进行调查研究期间，村、组干部都为我们的研究工作作了各方面的精心安排，并提供了很好的工作和生活条件。我们十分感谢雁田村主要领导邓耀辉、邓泽荣、邓满昌、邓旭枢、邓淦田对我们这项研究工作的高度重视、积极支持和有效指导；我们也感谢邓森扬、陈广胜、陈丽媚、邓顺谊、邓惠新、邓岳辉、邓奉兴、邓富宁、邓鹤龄、邓进灵、邓祖欢、邓有兴、邓桂芳、邓德贵、邓绍宗、李集权、李桂容、杨派连、邓绍基、邓岳伦、李杰、周光明、林汉筠、周锦萍、邓美美、邓翠芬、邓效云等为我们提供的各方面的帮助。

这项研究涉及到大量的深度访谈，我们与雁田的村干部、组干部、村民，学校的校长和老师，医院的院长和医生，雁田村的外资企业投资者，从事各种工作的外来打工者等都进行过许多次的深度交流、探讨，他们既是我们采访和研究的对象，更是与我们联系密切的合作伙伴，我们无法在这里把他们的名字一一罗列出来，但必须将部分具代表性的人物在这里提及，包括邓玉芳、李惠帮、邓汉连、郭金球、邓以诺、邓景忠、彭志勇、陈宏斌、黄俊河、马瑞成、邓照祥、邓冠华、邓汝娇、邓伟基、邓腾芳、邓帼姿、邓惠成、邓金美、曾晓军、邓淑珍、黄小桃、周政平、邓素华、蔡锦峰、邓春燕等，他们为我们提供了许多有价值的信息、资料与观点，我们由衷地感谢！

北京师范大学为本研究的持续进行提供了资助，重庆出版集团对本书的出版给予了大力支持，在此一并致谢！

胡必亮

2016年8月28日定稿于北师大京师学堂203室

目 录 Contents

总序
前言

一 引言 1

二 全球化与雁田村 5

（一）雁田村概况 5
  1. 地理位置、交通、气候和地形 5
  2. 历史变迁与人口流动 8

（二）全球化对雁田村的影响 12
  1. 农业不复存在 12
  2. 外资企业的发展 13
  3. 外来劳动力的增加 39
  4. 家庭经济结构的变化 44
  5. 金融服务业的发展 59

三 雁田村全球化现象的理论和经验总结 64

（一）全球化现象及理论 64
  1. 全球化的定义 64
  2. 全球化产生的原因 67
  3. 全球化的表现形式 69
  4. 全球化的发展历史 73
  5. 全球化程度的评估 77
  6. 全球化的影响 83
  7. 中国的全球化进程 98
  8. 全球化的发展方向 109

目 录

  （二）国际产业分工与雁田村的发展　113
　　1. 国际产业分工与中国制造业发展　113
　　2. 融入到全球生产体系的雁田　118
　（三）东莞雁田村从"世界工厂"到"世界市场"的转型　121

四　全球化对我国新农村建设的启示　128
　（一）全球化新趋势与我国未来的发展机遇　128
　　1. 全球化的新趋势　128
　　2. 新趋势下我国未来的发展机遇　131
　（二）全球化背景下我国新农村建设的改革方向　136

五　结语　143

参考文献　145

一 引 言

改革开放以来,中国日益具有比其他任何国家都优越的综合竞争力,即同时具有世界上最丰富的劳动力资源、最廉价的劳动力成本、最大的潜在市场、最稳定的政治环境以及相对比较良好的基础设施条件等。这些在客观条件上促进了中国成为"世界工厂",也间接使中国融入到全球化的进程中。

加入世界贸易组织(WTO)是我国积极参与全球化的主动选择,也符合中国市场经济不断发展的客观要求。但是,悲观者认为,入世似乎对于我国"三农"的发展并不有利:第一,中国一直以来的小农经济使得我国农业在国际竞争中处于劣势,而且我国农民的组织化程度低、农业科技实力较差,其农产品很难在自由、竞争、开放的国际贸易中直接与国外农产品相抗衡;第二,面对外国农业的冲击,我国农业安全、农产品

2001年11月11日中国加入WTO签字仪式在卡塔尔首都多哈举行

结构等都会遭受到很大的威胁；第三，我国农民长期以来收入增长缓慢、农村劳动力转移不畅，积累了不少矛盾，这些问题随着加入WTO，会在一定程度上表现得更为突出。

与此相反的是，加入WTO对于我国农业不但没有形成冲击，反而促进了我国农业的国际化和现代化进程。随着农业生产能力的提升，农村基础设施的完善，农村经济结构也在悄然发生着质的变化，从过去单一地发展农业经济转变为农业和第二、三产业齐头并进的态势。此外，城镇化的加速推进使得农村剩余劳动力进一步向城市转移，农民收入快速增长。农业和农村的快速发展为我国的工业化和城镇化提供了基础性支撑，而城镇化和工业化的迅速推进也极大地反哺了农村经济与农业的发展，并提高了农民收入。在这之中，一些村庄的发展变化是具有代表性的，这些典型村庄能够说明这段成功的发展历程，并启示我们在全球化背景下，解决"三农"问题今后的努力方向。雁田村就是其中这样一个非常具有代表性的村庄。

雁田村是广东省东莞市凤岗镇下属的一个行政村，位于我

国经济发展最活跃的珠江三角洲地区的核心地带，距离深圳和香港都很近，交通十分便利。由于这一带的水、热条件十分适合农业生产，因此这里曾经是我国粮食生产特别是水稻生产的重要基地之一。改革开放以来，因为大量外资不断地进入这一地区，带动了世界加工制造业在这里不断聚集，特别是电子产品的生产与加工在这里聚集发展尤其快速，从而直接促使东莞市作为世界上最大的电子产品生产加工基地迅速崛起，整个地区在30年的时间内就迅速地完成了从农业生产基地（主要是水稻和甘蔗生产基地）到加工业生产基地（主要是以电子产品为主的出口加工业产品的生产基地）的转化，成为名副其实的"世界工厂"，直接带动了大量劳动力和人口向这一地区集聚和集中，并融入到全球化浪潮的大的产业分工中。以2008年为例，如果我们将雁田村域内所有企业的收入和村集体的收入都加在一起并用生产总值的概念来表示的话，雁田村当年的生产总值为55亿元，在整个广东省的行政村中名列前茅。对于这样一个发达的村庄，在全球化背景下深入研究其变革的动力因

广东省东莞市一角（邹毅 摄）

雁田村街道与居民住宅（邹毅　摄）

素、发展历程，总结和归纳其中的规律和发展模式，并提高到经济学理论的高度，具有十分重要的现实意义。

本书以全球化为线索，主要以雁田村为分析案例，探讨在全球化背景下我国"三农"问题的解决之道，尤其是新农村建设如何与全球化浪潮更好地结合起来的问题，并深入探讨我国农村新的发展道路和转型方向，以期为提高我国农村经济的发展水平和生产力水平提供政策借鉴。

二　全球化与雁田村

（一）
雁田村概况

研究一个地方的经济状况，经济调查数据是最具有说服力的。但我们也不能忽视的是，很多外生变量对经济的影响很大，在某些情况下甚至具有决定性作用，例如地理、历史、人口等因素。下面将对雁田村的基本特征进行一个详细的描述，这对于我们全面理解和探究雁田村的发展历程，并以小见大，探讨全球化与新农村建设的内在关系，都是必不可少的基础。

1. 地理位置、交通、气候和地形

如果我们去雁田村的话，无论是坐飞机，还是坐火车，最快的方式都是先到深圳。如果坐飞机的话，到深圳的宝安机场后，乘出租车，不到1个小时就可以到雁田村了；如果坐火车，从深圳市的罗湖火车站到雁田村，只有半个多小时的车程。尽管从行政管理体制划分上来讲，雁田村隶属于东莞市，但从地理位置来看，雁田村相距深圳市却比其相距东莞市要近得多。东莞市区位于雁田村的东北部，与雁田村相距60千米；而雁田村除了北面以外，其他三面（东、南、西）都与深圳市接壤，从雁田村到位于其南面的深圳市区不到30千米；即使是从雁田村到香港，也只有30多千米路程；从其所属的凤岗镇到雁田村的距离为6千米。

雁田村位于东莞市的东南端，与深圳市直接接壤，北起东

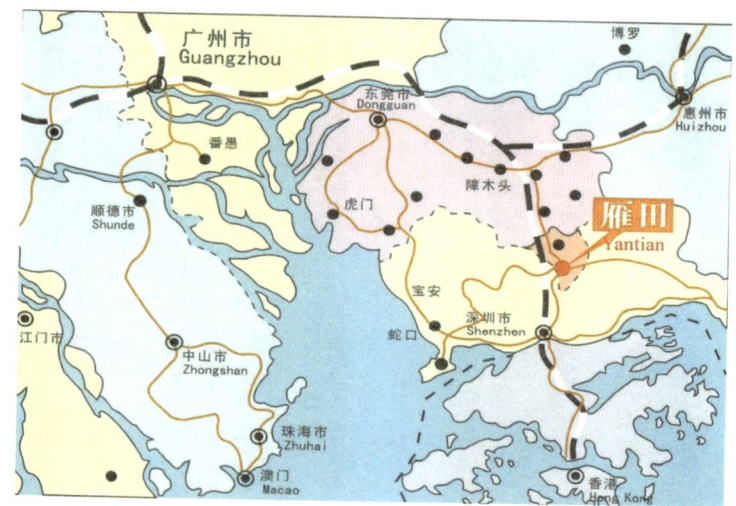

雁田村地理位置图

莞市桥头镇、南至深圳市区的东（莞）深（圳）公路（1964年竣工通车）呈南北向贯穿该村。另一条东起惠州市惠阳区淡水镇、西至深圳市龙岗区平湖镇的淡（水）平（湖）公路（建于1930年左右）则呈东西向从村里穿村而过。此外，还有一条雁（田）横（岗）公路（1975年修建）则直接将雁田村和深圳市龙岗区的横岗镇连接起来。尽管没有铁路直接从雁田村穿过，但从广州市到香港九龙的广（州）九（龙）铁路从距离村西只有6千米的深圳市龙岗区平湖镇通过。由此可见，雁田

村与外界的交通网络联系是十分发达的。

　　气候方面，由于雁田村离深圳和香港很近，靠近南海，它所处位置的纬度比较低，北纬23度不到，在亚热带季风气候区内，因此这里没有冬天，全年的平均气温一般都在22摄氏度。即使是全年中最冷的1月份其月平均气温也往往在13摄氏度左右，而最热月（7月和8月）的平均气温则往往在25～30摄氏度之间。全年平均日照时数为2 002小时，阳光充足。从降雨情况来看，这里的多雨季节在4～10月份之间，特别是7月份的降雨最多，全年平均降水量近1 800毫米。因此，雁田的气候条件非常适于热带粮食作物和经济作物的生长。

　　地形方面，雁田村土地总面积为24平方千米，也就是3.6万亩[①]，表现出明显的四面环山、中部平坦的特点。因此，雁田从地形上看起来就像是一个小盆，雁田人形象地将这一地形称为"聚宝盆"。当然这也寄托了雁田人对其"生于斯，长于斯"的这片热土的美好期望。雁田村域内共有大大小小的山岭10多座，其中海拔最高的是位于该村东南部的望海岭，有188米，东北部的鹰嘴山海拔181米，东部的羊屋栏岭海拔135

---

① 1亩=666.7平方米。

雁田村全貌（房志宜　摄）

米,西部的凤凰山主峰海拔129米,东北部的老虎山和西北部的崔到岭其海拔都是102米,中部还有1座小山,叫杉山,海拔86米。

尽管雁田村域内山岭绵延不断,但60%的土地位于平原,也就是说,该村仍然有14.4平方千米的平原面积,其余的40%为低山和丘陵。在山脉之间,流经雁田村的河流有两条:一条是用于向深圳和香港供水的东深河,另一条是发源于离雁田不远的深圳市龙岗区平湖镇境内而在雁田村内流入东深河的水贝河。正是由于雁田村具有比较充足的水源,从而保证了雁田的工农业生产和人民生活用水的充分供给。

2. 历史变迁与人口流动

据有关文献记载(邓耀辉主编,2003:3),雁田是一个具有悠久历史文明的村落。早在元朝(1206—1368年)年间,这里就有罗、祝、刘、李4姓人家在此居住。到了明朝永乐十一年(1413年),雁田邓氏始祖邓镇田从霞朗(今广东省东莞市企石镇霞朗村)迁入本地。随后又有梁、杨、方、陈、鲁、何、曾等姓氏人家相继迁入。从迁入时间来看,尽管元、明、清朝皆有迁入,但以清朝迁入最多(表1)。

雁田"邓氏纪念馆"(邹毅 摄)

表1　雁田各家族的迁入时间与迁出地以及目前的聚落分布情况

家族姓氏	迁入雁田时间	从何地迁入雁田（现地名）	现集中居住地
李	元朝初年（1206年）	东莞市塘厦镇林村	布心
邓	明朝永乐十一年（1413年）	东莞市企石镇霞朗村	东一、东二、南坊、西坊、北坊、石蚝、长表、布心、水贝
梁	清朝顺治年间（1644—1661年）	东莞市塘厦镇清湖头村	水贝
杨	清朝顺治年间（1644—1661年）	深圳市宝安区观澜镇	水贝
方	清朝康熙初年（1662年）	广东省陆河县河田镇	东一
陈	清朝康熙十七年（1678年）	福建省莆田县	长表
鲁	清朝乾隆初年（1736年）	深圳市南山区北头村	水贝
何	清朝同治年间（1865年前后）	深圳市罗湖区笋岗村	东一
曾	清朝光绪年间（1877年前后）	深圳龙岗区富地布村（工业区）	水贝

注：最先在雁田这块地方居住的罗、祝、刘3姓人家目前已经没有后代继续在此居住，因此本表没有包括这3个家族的迁入情况。

资料来源：邓耀辉主编（2003）《东莞雁田志》（未公开出版物，下同），第20页；部分信息来自于作者对雁田村民所做的访谈记录。

现在的雁田这个地方，在其早期开发的相当长一段时期内基本上都是一片污泥、很少有人居住，比较荒凉。尽管元朝就有人在这里开发了，但由于人少力薄，蛮荒之野的情况改变并不大。到了明代，由于邓、梁、杨、方、陈等更多家族的迁入，这片原本十分荒凉的污浊之地才得以被逐渐地开发成为"山成林，树成荫，水入渠，田有序"的优美乡村，到处青山

"邓氏纪念馆"中的爱国英雄邓辅良铜像（邹毅 摄）

绿水，景色十分宜人。于是每年都会引来不少大雁在此栖息。这些大雁（包括鸿雁、白额雁等）一般都是秋分后从北方飞到这里，过完冬天后的春分时节又飞回北方。正因为这个原因，人们就干脆将这个地方取名为"雁田"了，直到现在。

从1993年起，我们就开始对雁田村做跟踪调查研究[①]，先后十多次到该村，与村里的老人、干部、企业家、教师、医生、普通村民以及在这里投资办厂的外商投资者和到这里打工挣钱的外来工进行了许多次的座谈，了解这个村发展的历史与现状，并亲身感受雁田村及其人民的生活气息。我们的总体感觉是：邓氏家族的迁入及其人口规模的迅速扩大与家族势力的不断增强对于理解雁田村的整个发展历史具有决定性意义。不论从人口规模来讲（目前邓氏家族人口大约占整个雁田村总人口的60%），还是从村庄的政治权力结构来看（长期以来，雁田村的主要领导人都是邓氏家族的人，现在亦如此），或从不同家族对于雁田发展所起的历史作用来看，邓氏家族的影响力都是最大的。

与我国其他地方邓氏家族的历史源流相同，雁田邓氏家族

---

① 胡必亮于1993年年初首次到雁田村作村庄调查研究。1995年3—4月份，胡必亮、王晓毅、张军、姚梅到雁田村作了一次全面的调查，调查结果集中体现在《中国村庄的经济增长与社会转型：广东省东莞市雁田村调查》（山西经济出版社1996年版）一书中。

首先也是从今河南省邓州市发源的（习中洋，2008）。在夏、商、周3代时期，现在的邓州（1913年曾改称邓县，1988年重新改为邓州）当时是一个国家，即"邓国"。如今雁田村的邓氏起源于明朝永乐十一年（1413年）迁移定居于此的邓镇田。邓镇田及其4个儿子（邓常祚、邓常福、邓常礼和邓常信）从霞朗迁到雁田后，重点从三个方面开始在这个新的地方开宗立业：一是大力垦荒，增加土地，竭力耕稼；二是创办私塾，培养人才；三是以和为贵，与其他家族村民团结互助、和平共处。即使是现在，邓氏家族在雁田村的影响力仍然是最大的，尽管如此，并没有出现邓氏家族以强欺弱的现象，雁田村不同家族之间团结合作，和平相处，整个雁田村呈现出一幅美好的和谐社会景象。

现在，雁田的人口大致可以分为两类：一类是所谓的"雁田人"或称雁田"本地人"；另一类即所谓的雁田"新莞人"，即新东莞人。简而言之，雁田人或雁田本地人主要是指具有雁田村籍户口或身份的当地人；雁田新莞人主要是指那些从外地来雁田村打工的人，他们通常都是既没有东莞户口或居民身份，更没有雁田村籍户口或身份的外地人。在这里，村籍或者说村户口具有非常重要的意义，它首先是一个户籍问题，但又不仅仅只是一个户籍问题，还涉及到许多相关的政治地位、社会身份、福利待遇等多方面因素的影响，它是一个包括了政治、经济、社会等因素的综合性概念。

说到在雁田村的所谓"新莞人"，很难有一个完全准确的统计数。一般说来，应该以政府公安部门的户籍统计为准，但

雁田本地人的休闲生活（邹毅 摄）

雁田"新莞人"（邹毅 摄）

我们明白，这样的官方统计数往往大大少于实际人口数量，原因就是不少人尽管住在雁田村，甚至在这里打工赚钱，但他们并不到任何官方的户籍管理机构登记注册。还是根据雁田村上报的一个关于该村体育发展情况的文字材料来看吧，2008年年中在雁田村的"外来人口"（也就是所谓"新莞人"）近8万。主管当地户籍工作的村干部告诉我们，这一群体的总人口截至2013年7月应该已经达到了10万人。这些人基本上都是年轻人，在雁田村目前的200多家外资企业或合资企业（最多时企业总数在400家左右）上班。有些人已经在雁田这个地方结婚成家生子了，全家都在雁田村居住、生活。

（二）全球化对雁田村的影响

雁田的水土条件很适合农业生产（邹毅 摄）

1. 农业不复存在

总体上看，全球化导致雁田村经济结构发生了根本性的变化，农业已基本不复存在了。从历史上看，直到20世纪80年代中期，雁田都是一个由农业经济主导其经济发展的村庄。这一方面是由于整个旧中国以及新中国成立后相当长一段时期内我国都是一个农业国：新中国成立时，整个国家以总产值计算的工业经济仅占全国经济总量的10%左右，而且大部分是传统的手工业，农村地区的工业发展普遍地十分落后。另一个原因我们已经提到过，那就是雁田村所在地区的光、热、水、土等自然条件和资源都比较适合经营和发展农业。

因此，雁田的农业生产长期以来都主要集中于对水、热条件要求较高的水稻、甘蔗、花生、荔枝、龙眼的种植上。但由于农业技术、农业科研、现代农业生产要素的制约，加上农业经营管理体制与制度方面存在的种种弊端，不论是在新中国成立之前，还是在之后的相当长一段历史时期，雁田在农业生产方面所具有的一些优势实际上并没有得到很好的发挥。党的十一届三中全会后，雁田的农业经营管理体制与制度实行了变革，这给雁田农业在新的历史时期的快速发展提供了良好契机。但随着大量外商投资的不断进入，雁田村的经济结构迅速地发生了急转弯，从以农业为主快速地转向了以加工制造业为主，不仅农业经济从主业变成了副业，而且经营方式也发生了很大变化，雁田村民基本上已经不再从事农业生产了，即使是非常有限的农业经营活动也都通过承包合同的方式外包给外地农民了。

2. 外资企业的发展

雁田村集体与外资之间存在着十分密切的联系。总体说来，它们之间的关系主要表现在经济上：外资必须按照国家有关规定及其与雁田村达成的协议，按时缴纳各种税费；村集体必须尽最大努力从各方面为外资在雁田的发展提供各种良好的服务，主要包括帮助外商投资者妥善解决用地问题，根据外资特点提供合适的厂房，为企业提供专门的管理人员协助企业解决各种具体问题，不断改善基础设施条件，也帮助企业协调与政府、社会、媒体、本地居民、移民等方面的各种关系。

（1）家族关系与外资进入

1978年底，党的十一届三中全会在北京召开。雁田村迅速开始对农业的经营管理体制与制度进行变革，用两年时间在全村范围内推行了家庭联产承包责任制。与此同时，雁田的领导人也开始思考如何推进集体工业发展的问题。经过讨论后，大家一致认为，促进雁田村集体工业得到快速发展的一个比较可行的办法就是通过家族关系或乡亲关系从那些在香港的雁田人特别是在香港的邓氏族人那里借钱办厂。等企业赚钱后，再还钱给他们。

认识统一后，雁田的领导人迅速开始了行动。1979年清明时节，利用部分香港邓氏族人到雁田祭扫邓氏先祖之墓的机会，雁田的主要领导人与这部分香港族人开了一个座谈会。大家坐在一起，一边追忆邓氏家族和雁田村落的发展历史，一边共同商讨如何在新的改革时期发展雁田的集体工业的详细方案与具体规划。

出乎雁田人意料的是，来自香港的邓氏族人邓成发和邓镜等人没有采纳借钱给雁田办厂的请求，而是主动要求自己捐资近40万港币给雁田村作为其发展集体工业的第一笔资金，并与雁田领导人一起共同策划利用这笔钱购买了碎石机，然后在本村的石龙坑和双箩坑办起了两个机械化采石场。大家当时的基本想法是：雁田境内山多、石头多，当时市场上对建筑用石的需求量很大，开采石头并对其进行初步加工的工艺十分简单，而且购买机器等相关设备的成本也比较低，因此从开办采石场入手来举办集体企业应该是一个比较好的选择。实际情况确实如此。采石场所开采的建筑用石其市场销售情况很好，不仅供应本地建材市场，对外销售的情况也很不错，当年年底就获得了10万多元的纯收入。

表2 改革开放初期雁田村集体工业发展概况表

厂 名	厂 址	从业人数	主要产品	工厂负责人
木茨粉厂（共5个）	长岭头、东罗	15	木茨粉、木茨片	各生产小队负责人
粮食与饲料加工厂	大地堂	18	粮食、饲料	邓润竹
农机修配厂	大地堂	18	农具、农机维修	邓润竹
采石场（2个）	石龙坑、双箩坑	60	建筑用石	邓晚德
国基注塑机制造厂	北坊	50	注塑机	不详
恒丰玻璃厂	大坡塘	30	玻璃制品	邓鹤龄
华南制衣厂	北坊	120	男女成衣	邓志华
化肥厂	北坊	35	磁性复合肥	邓建华
长发纸品厂	北坊	25	纸制品	邓满林
污水处理厂	沙岭	32	污水处理	邓学良

资料来源：邓耀辉主编（2003）《东莞雁田志》，第216页。

香港邓氏族人投资的污水处理厂（邹毅 摄）

在建设采石场的同时，雁田村的领导人还将过去集体的一些旧企业进行改造，同时也从实际出发新建了一些企业。雁田的决策者希望以党的改革政策为契机，大干一把，通过大力发展村集体企业尽快使雁田繁荣起来，使雁田人富裕起来。党的十一届三中全会召开仅仅两年后，也就是在1981年左右，雁田村已经通过整合或新建的方式迅速地办起了10多家集体企业（表2）。

正当雁田人乘改革东风重整旗鼓地大力发展集体工业的时候，一个偶然的机会促使雁田人走上了另一条不同的发展工业的道路，即不是以雁田村集体作为主体去发展具有本地资源优势和地方特色、主要内销当地市场的工业发展之路，而是以外商投资作为主体去发展"三来一补"（来料加工、来件加工、来样加工、补偿贸易）型企业[①]和"三资企业"（外商独资企业、中外合资企业、中外合作企业），并主要以境外市场作为产品的销售市场的所谓"大进大出"的对外加工业发展道路。

---

① 这类企业的生产设备投入、流动资金的投入主要来自于外商投资，而且外商对生产的全过程和产品的销售进行管理。雁田村集体主要是向外商提供厂房和其他与生产相关的不动产，并相应地收取一定的费用。但这类企业一般都挂着雁田村集体的牌子，企业的法人代表也都是雁田村人，企业性质往往也属于雁田村集体企业。实际上，雁田村对这类企业的影响力非常有限，企业的收益分配和其他重要决策通常也都是由外商投资者独立地作出的。由于这类企业的主要特征就是"三来"，因此企业所需的生产资料必须全部从境外进口，产品也只能到海外市场销售。这类企业所生产的产品是可以提供给境内的其他"三来一补"企业或合资企业使用的，但必须到海关办理相关手续（王晓毅等，1996）。

二 全球化与雁田村

纺织业是外商在雁田村投资建设的重要行业之一（邹毅 摄）

  1980年，出生于广东省惠阳市但后来迁往香港定居的吕正扶先生①准备回惠阳家乡投资办厂，但经他考察后发现条件还不具备，便准备返回香港。返港之前，吕正扶到东莞市凤岗镇去看望他的一位在该镇武装部工作的战友。战友带着这位企业家到离凤岗镇6千米的雁田村游览镇郊农区。吕正扶发现雁田的投资环境不错，于是提出利用雁田村当时的大会堂（长60米，宽10米）作厂房开办一家毛纺织厂。就这样，雁田村的第一家由香港人开办的"三来一补"企业——"雁田正信毛纺厂"由此建立和发展起来了。

  为了办好进入雁田村的第一家外资企业，村领导经反复讨论后将原村党支部书记邓就权派到该厂任厂长，并从全村劳动力中挑选出了100多名受教育程度较高、品德优良、吃苦耐劳的优秀青年进入该企业当工人。针对当时受交通条件制约的情况，雁田人集中全村强壮劳动力白天黑夜地干，仅仅花了1个多月时间，就新修了一条专线公路直通到了这家毛纺厂的大门口。经过双方的共同努力，雁田正信毛纺厂投产第一年就取得了很好的经济效益，当年雁田村集体就从该企业取得了25万元的纯收入。

  雁田正信毛纺厂的成功开办激发了雁田人进一步吸引外资

---

① 据说吕先生曾经是惠阳市的一位公社干部，是20世纪50年代到香港的。

到雁田来创办外向型加工企业的热情,同时也为香港邓氏家族的企业家们树立了一个良好的样板。1981年,真正的第一家属于雁田香港人所创办的企业"雁田华艺塑胶五金厂"正式成立,投资者邓义瑞出生于北坊生产小组,20世纪50年代去了香港。紧接着在1982年,第二家由出生于东二生产小组的雁田人邓永龙(20世纪60年代去到香港)在雁田创办的企业"雁田五金厂"创建,主要是依靠手工劳动组装手表带。在此后的几年时间里,雁田邓氏家族在香港的邓氏族人不断有人到雁田投资办厂。到1985年底,香港企业家在雁田开办的对外加工企业已经达到了10家左右。

为了吸引更多的香港企业家特别是与雁田有关系、与雁田的邓氏家族有关系的企业家到雁田村投资办厂,村党支部书记邓耀辉带领村主要领导干部一班人于1986年专门到香港拜访与雁田有族缘关系或亲缘关系的各界人士。邓耀辉书记共拜访了雁田邓氏家族在香港的邓氏族人和从雁田移居到香港的雁田人中95%的企业家,并承诺为投资雁田的企业家提供最好的服务,以及在国家政策许可范围内提供最优惠的条件。经过相互之间的沟通与了解,在接下来的几年间,共有30多位来自香港的邓氏族人企业家或原籍雁田的香港企业家在雁田投资建起了自己的工厂。表3列出了1980年以来部分原籍在雁田的香港企业家在雁田所创办的企业。

电子制造业已成为雁田乃至东莞的支柱行业(邹毅 摄)

表3 部分原籍雁田的香港企业家在雁田所创办的企业

工厂名称	投资者姓名	创办年份	投资者背景
雁田华艺塑胶五金厂	邓义瑞	1981	从北坊小组到港的雁田邓氏家族人
雁田五金厂	邓永龙	1982	从东二小组到港的雁田邓氏家族人
雁田东达综合塑胶五金厂	邓冠仁	1986	东一小组雁田邓氏人，60年代到港
雁田富威玩具厂	邓运宁	1986	东一小组雁田邓氏人，60年代到港
雁田权记五金厂	陈锦权	1987	长表雁田人，50年代到港
雁田利宝五金厂	陈志强	1987	长表雁田人，50年代到港
雁田新力塑胶工模厂	邓照平	1988	东二小组雁田邓氏人，50年代到港
雁田大成玩具厂	邓志强	1988	东二小组雁田邓氏人，60年代到港
雁田合勤纸箱厂	邓满林	1988	北坊小组雁田邓氏人，50年代到港
雁田祥发五金厂	邓 球	1989	东一小组雁田邓氏人，后移居香港
雁田新艺家私厂	邓国洪	1990	东二小组雁田邓氏人，70年代到港
雁田佳达制衣厂	邓瑞佳	1990	北坊小组雁田邓氏人，60年代到港
雁田玻璃制品厂	邓建彪	1994	从东二小组到港的雁田邓氏人
雁田表带厂	邓锦燊	1995	从东二小组移居香港的雁田邓氏人

资料来源：从与雁田村民访谈中取得的信息，同时参考了邓耀辉主编（2003）《东莞雁田志》第357页的内容。

有了与雁田关系密切的这些海外投资者的支持与帮助，不少本来与雁田没有什么家族或亲缘关系的海外企业家也开始跟进。通过雁田人在香港的各种关系,又引进了40多家非雁田香港人和非雁田海外华侨到雁田投资办企业。其中,仅邓冠仁一人在1986—1988年间就引进了30多家外资企业在雁田村投资办厂,而且他所引入的企业都与雁田没有直接的亲缘或族缘关系。

于是,在1986—1991年的6个年头间,海外投资者到雁田村新创办的"三来一补"加工企业达到了146家,平均每年新开办24家,平均每月新增2家。雁田的外商投资企业发展进入加速期。如果按照王晓毅等(1996)提供的资料,这6年间共新增外商投资企业185家,即平均每年新增了30.8家,平均每月新增2.6家。

由于在1986—1991年的6年间奠定了良好的海外人脉关系,特别是雁田在香港邓氏家族人心目中的分量越来越重,雁田邓氏家族与香港邓氏家族之间的感情越来越亲密,加上雁田村的道路交通、供水供电、服务机构设置等各方面都有了很大改善,雁田村的经济增长快速,同时也给海外投资者带来了比较丰厚的回报。因此,在接下来的4年(1992—1995年)间,海外投资更多地更大规模地开始进入雁田。根据《东莞雁田志》提供的资料,1992—1995年间海外投资者在雁田新建工厂共211家,平均每年新增53家、平均每月新增4.4家(邓耀辉主编,2003:222)。

在经历了1992—1995年间的高速增长后,从1996年开始,外商投资企业进入雁田村的数量变得比较平稳了。在1996—1998年的3年间,共新增工厂24家(表4),平均每年增加8家。

外商投资建设的电子数码制造企业(邹毅 摄)

表4 1996—1998年外商在雁田村新建工厂一览表

工厂名	投资方	投资者	投资时间	雁田派出厂长姓名
东莞复兴机绣厂	中国香港	黄启璋	1996-03-22	邓燕欢
利丰模胚厂	中国香港	钱家云	1996-08-29	邓润安
健生制模厂	中国香港	佘丽端	1996-09-20	邓建辉
堡威塑胶工模厂	中国香港	黄伟雄	1996-10-17	邓志成
宝辉表带厂	中国香港	陈绪国	1996-12-03	邓银寿
正大垫件胶贴厂	中国香港	曾翠芬	1996-12-20	邓祖辉
铭利五金塑胶制品厂	中国香港	黄明强	1996-12-26	邓丽芬
埃比斯塑胶五金制品厂	中国香港	张仲江	1997-02-28	邓谨嫦
业发机铸厂	中国香港	黄志雄	1997-04-18	邓奕伦
永丰轻胶五金制品厂	中国香港	马 武	1997-05-27	李彩琼
同兴盛制衣厂	中国香港	梁伟儒	1997-09-01	陈小燕
铃木金属模具制造厂	中国香港	陶伟洪	1997-09-03	邓汝恭
崎丰皮具厂	日本	商本新太郎	1997-10-07	韦美秀
丹美制衣厂	中国香港	马健强	1997-10-16	邓玉群
雅高胶带制品厂	中国香港	杨伟庭	1997-10-23	肖德明
慧明电子厂	中国香港	不 详	1997-10-27	邓建新
威悦电子厂	中国香港	郑振威	1997-10-29	杨广兴
财迎五金电子厂	日本	阿部茂和	1997-10-30	邓派祖
永恒塑胶制品厂	中国香港	冯启積	1997-11-04	陈俊辉
萌滔手袋厂	中国香港	严汉平	1997-11-11	邓绍基
泰山五金塑胶制品厂	中国香港	石金国	1998-01-06	邓巧兰
华艺家私厂	中国香港	不 详	不 详	杨侃娣
高川球头制品厂	中国台湾	不 详	不 详	邓运松
威德制袋厂	中国香港	不 详	不 详	邓兰芬

资料来源：雁田村加工办公室；邓耀辉主编（2003）《东莞雁田志》，第217页。

这样大致算下来，到1998年年底，如果按照王晓毅等所提供的资料，境外企业家在雁田村投资建厂累计达到了430家；即使按照《东莞雁田志》所提供的资料，在雁田的外资企业数量也达到了391家。此后，有些企业开始从雁田村转往东莞市了。1999年，在雁田的企业数量减少到了326家，此后就出现了持续不断减少的情况：2000年为313家，2001年为300家，2002年首次减少到了300家以内。

2003年以后，沿海地区局部出现了"民工荒"的问题，加上后来的人民币升值等因素的综合影响，到2005年底，在雁田村的外商企业减少到了236家，2007年进一步减少到了只有230家。我们2008年7月到村里调查时，村里的外商投资企业只有202家了（图1）。最新的调查表明，2010年底在雁田的外商投资企业还有193家。根据我们与一些企业家的交谈，了解到这一次的减少主要直接与全球经济危机相关，也与在这样严峻的形势下实施《中华人民共和国劳动合同法》（2008年1月1日起施行）有一定联系。

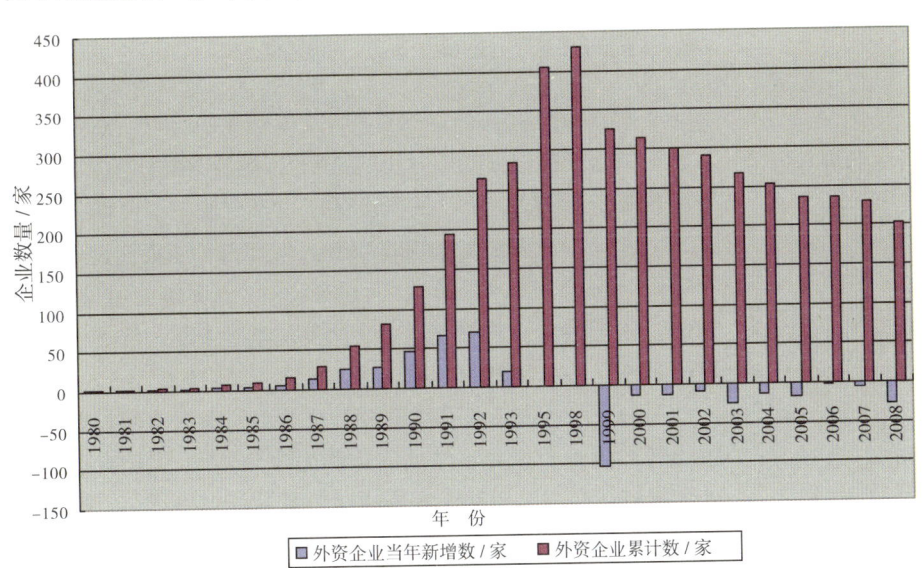

图1 雁田村外资企业数量1998年后逐年减少

资料来源：1993年以前的数据，根据王晓毅等（1996）所著《中国村庄的经济增长与社会转型：广东省东莞市雁田村调查》一书第237~259页附录10的"雁田'三来一补'企业名录"统计得出；1995—1998年的数据，参见邓耀辉主编（2003）的《东莞雁田志》第222页和第229页；1999年及其之后的数据，是作者2009年2月、2010年12月和2011年4月在雁田村实地调查所取得的数据。

很显然，外商投资的"三来一补"企业落户雁田村，为该村的财富创造直接提供了难得的历史性机遇，在很短时间内使雁田村村民的收入水平得以大幅增加，也为不少内地农民工提供了就业机会。同时，我们也关心另一个重要问题，即为什么这些企业会投资于雁田？为了找到问题的答案，我们对1980—1998年19年间投资于雁田村的外商投资企业做了一些更具体的分析（表5），发现了这样两个重要特点。

表5　雁田村加工型企业的外资类别（1980—1998）

外资类别	企业数量/家	所占比重/%
中国香港外商投资	361	92.3
中国台湾外商投资	19	4.9
日资	10	2.6
美资	1	0.2
合计	391	100.0

资料来源：作者根据表4及相关数据整理、计算而得出本表。这里的企业总数391家源于邓耀辉主编（2003）的《东莞雁田志》。

一个特点是：在外商投资的391家企业中（以《东莞雁田志》提供的资料作为我们分析的基础），港资361家，占了全部外商投资企业的92.3%。在非港资的30家企业中，台资企业19家，尽管只占外资企业总数的4.9%，但却占了非港资企业总数（30家）的63.3%；日资企业10家，占全部外资企业数的2.6%，占非港资企业数的33.3%；美资企业1家，仅占外资总数的0.2%，占非港资企业的3.3%。

另一个特点是：在391家外资企业中，根据曾经长期在村里主管外商投资企业工作的陈广胜先生判断[①]，大约有一半的外商投资者是与雁田邓氏家族或雁田村其他家族有关，包括20世纪50—70年代到香港的原雁田村民和邓氏家族在香港的部分后代，等等。

1949年以前，由于旧中国经济落后，人民生活非常艰苦，

[①] 陈广胜非常坚定地告诉笔者，外商投资者进入雁田村的最高峰期是在1998—2000年期间。外商投资企业数量的最高峰值为385家，他认为不应该是391家。

加上雁田离香港近，不少村民通过各种不同渠道移居香港了。新中国成立后，在相当长一段时期内农民生活仍然很苦，因此仍然不断有村民想办法离开雁田到香港：50年代大约有400多人，60年代有600多人，70年代有300多人，加上早先在香港的一支邓氏族人和新中国成立前夕到香港的人，目前大约共有3 000人与雁田村有着十分密切的家族和乡亲关系。这些人主要集中居住在香港的新界、上水、九龙、龙跃头、大埔、沙田、荃湾等地。这群人中间有不少人是开工厂的，或做投资生意的。

投资于雁田村的日资企业（邹毅 摄）

此外，除了香港，雁田村还有300多名分布于世界10多个国家的华侨，他们中的大多数定居于东南亚、欧洲和美洲各国。由于受中国传统文化的影响，他们一般都希望将自己的投资项目放到本家族同胞所住居的地方或是投资自己的故乡。加上雁田村的主要领导在这方面做了大量的工作，除了不断亲自到香港去拜访本家族的兄弟姐妹外，还花大量精力组织编写了《邓氏族谱》（1998年春开始，2003年12月完成），花巨资（1 300万人民币）在雁田村凤凰山麓的雁湖公园内建造了仿清代古园林式建筑——古朴典雅、庄严肃穆而又不失富丽堂皇的

"邓氏纪念馆"一角（邹毅 摄）

雁田"邓氏纪念馆"（2002年6月27日启土动工，2004年8月顺利竣工），并积极参与和组织了世界邓氏宗亲寻根联谊会、香港邓氏宗亲理事会、邓氏后裔恳亲会、邓氏五大房代表会议等各种家族活动，直接加强了雁田邓氏家族与香港和其他海外邓氏家族之间的联系，对于促进海外邓氏家族企业家在雁田村投资建厂起到了重要作用。

（2）"企业发展公司"与外资经济发展

实际上，早在1989年，雁田村就成立了"企业发展公司"（以下简称"发展公司"）。这是一个经济实体单位，可以独立地对外签订各种经济合同。该公司的主要职能有3个：一是对外联系外资企业到雁田投资办厂；二是代表村集体与合资、合作和独资企业签订各种经济合同；三是代表村集体从事各种投资和经营活动（表6）。

我们在前面已经提到过，1992—1995年间是外资企业进入雁田村最多的时期，平均每月新增企业4.4家。1996—1998年间的情况也不错，平均每年新增企业8家，这与企业发展公司的作用密不可分。但从1999年开始，情况就发生了逆转，从每年不断新增的数量，变成了一个每年不断净减少的数量。从国际环境来看，可能与1997—2001年间的亚洲金融危机以及相关的IT和房地产泡沫破灭所带来的负面影响有一定的联系，接着也与2003年初出现的SARS（即重症急性呼吸综合征，又称传染性非典型肺炎）疫情所带来的对外资的负面影响有关。再从国内环境来看，一是由于国内刺激内需的政策使内地不少地方的基础设施条件有了很大改善，加上内地的原材料价格相对便宜、劳动力工资相对较低，因此有些企业开始将其生产基地从广东省向内地省份转移，原来在雁田村的外资企业也存在这种情况；二是广东等沿海省的有些地方为了留住外资企业不向内地迁移，也在各方面展开了激烈竞争，沿海很多地方的土地、厂租价格等都出现了比雁田为低的情况；三是由于人民币升值、企业员工参加社会保险门槛提高，导致企业经营成本增加，不少企业因此倒闭。这三种情况在雁田都有所表现。此外，当我们与村干部座谈这个问题时，原村股份经济联合社副理事长陈广胜认为，这几年广东省过分强调企业转型也给一些企业家带来了一定的心理压力。作为这些因素共同作用的结

表6 雁田企业发展公司投资经营情况一览表

年份	投资项目	持股比例/%	投资额/万元	年度净收益/万元								
				2000年前	2000	2001	2002	2003	2004	2005	2006	2007
1991	1.东莞市新世纪科教拓展有限公司	17	3 000	0	0	0	0	800*	0	0	0	0
1992	2.东莞雁田工业区发展有限公司	55	960**	500	550	825	841	550	550	2 200	0	3 300
1992	3.东莞东山珠宝首饰有限公司	25	150	每年60	60	62	63.6	47.7	47.4	0	0	0
1992	4.丰田酒店	15	414	0	0	0	0	10	20.5	121	92	0
1996	5.东莞秉顺制漆有限公司	25	503	每年200	228	195	222.6	222.6	222.6	220	223.8	158
1997	6.东莞市国基注塑机械制造有限公司	25	150	0	30	35	36	36	30	30	0	0
1997	7.东莞宝联娱乐有限公司	20	500	0	90	90	90	75	75	75	75	75
1998	8.东莞市达盈企业管理咨询服务有限公司	100	10	0	120	130	140	118.5	187.5	220	240	190
2000	9.东莞市永聪磁性混合肥有限公司	30	200	0	0	50	0	0	0	0	0	0
2000	10.东莞市东山企业开发有限公司（停车场）	30	90***	0	0	0	0	0	0	0	1 657	675
2000	11.广州市正信投资实业有限公司（房地产）	15	4 800	0	0	295	2 000	0	0	0	0	0
2000	12.东宝宝盈制衣有限公司（2002年倒闭）	100	547	0	0	0	90	0	0	0	0	0
2001	13.购买民生银行股份		225			0	0	4.5	11.66	9.18	7.8	1 869
2001	14.东莞大有饮料有限公司	20	70			0	0	11	10	8	20	30
2002	15.东莞中银花园有限公司	40	3 816				0	1 909	1 394	0	0	0

续表6

年份	投资项目	持股比例/%	投资额/万元	年度净收益/万元								
				2000年前	2000	2001	2002	2003	2004	2005	2006	2007
2002	16.东莞市轩悦实业投资有限公司（惠州房地产）	30	605							0	431	0
2002	17.东莞广济医院	30	900				0	0	0	0	0	0
2003	18.购买广东发展银行股份		430****					0	0	0	0	0
2004	19.阳江温泉度假村有限公司	100	27 102						0	0	0	1 000
2005	20.东莞市凤岗物流园有限公司（进出口保税仓库）	20	210							100	0	0
2007	21.东莞市三正房地产开发有限公司	20	300									0
合计/万元				1 078	1 683	3 483.2	3 784.3	2 548.7	2 983.2	2 746.6	7 297
缴纳村集体分配/万元				830	1 450	2 840	1 750	2 100	2 915	2 800	2 800

* 这800万元收入实际上是将"锦龙股份"的股票清盘时的收入。

** 雁田村对"东莞雁田工业区发展有限公司"投资960万元是以土地估价实现的，而不是出资现金而持有该公司55%的股份。

*** 这项投资除了90万元现金投入外，还有用做停车场地的占地。

**** 这项投资最后全亏了。

资料来源：2009年2月作者实地调查数据。

果，雁田村的外资企业数量从2003年后减少的速度加快了，到2008年中，当我们到雁田村调查时，外资企业总数只有202家了，与最高峰时期的1998年相比，企业数量减少了48%。

（3）雁田村外资企业的基本特征

除了我们以上所强调的外商与雁田村及其与雁田邓氏家族之间的特殊关系外，我们在这一部分将基于我们2008年所得到的目前仍然在雁田村从事经营活动的202家企业的基本情况，重点分析一下这些外资的其他一些基本特征。

首先，从企业性质来看，在202家企业中，"三来一补"性质的企业[①]共有153家，占了企业总数的75.7%；其次是独资企业，共有30家，占14.9%；然后是合资或合作企业（外资与雁田村集体合资或合作办的企业）有19家，占9.4%。

从这202家企业的情况来看，1989年以前，外商在雁田村所建立的企业全部都是"三来一补"企业，没有其他形式的企业。1990和1991年也全部都是"三来一补"企业。尽管在1992—1995年间其他类型的企业发展比较快，但"三来一补"型企业的发展也处于其最辉煌时期，新增数量最多，这期间"三来一补"企业占企业总数的比例都一直保持在70%以上。从1996年开始，这类企业的新增数量开始减缓，特别是从2001年开始，每年仅增加1家、2家或3家，其所占比重也大幅下降。

从1992年开始，雁田村主要是希望大力扶持合资企业[②]的发展，即实现从"筑巢引凤"向"引凤筑巢"的新发展阶段过渡，希望通过这样的方式实现雁田集体经济与外商投资企业的共同发展。因此，1993、1994和1995年雁田的合资企业得到

[①] 关于这类企业的基本特征，我们已经在前面做了介绍。

[②] 这类企业指的是由雁田村集体与外商投资者共同投资创办的企业。一般来讲，合资双方根据各自投资的比例来确定企业的决策权与经营权，以及企业的利润分成比例。因此，对于涉及到企业发展的重大决策，必须经投资双方共同做出，而不是单独由一方做出。根据20世纪90年代中期对雁田村相关情况的调查，合资企业的投资结构仍然是以外资为主的，外资往往占总投资的70%以上，最高达90%，雁田的集体投资多数都在30%以下。在经营方式上，雁田村集体一般都是采取反承包的方式，即经双方讨论同意，外方向雁田村集体交纳一个定量的反承包金后，企业运营完全由外商负责（王晓毅等，1996：128）。

了比较快的发展①，但此后就销声匿迹了，新增企业中再也没有合资企业了。

独资企业也主要是从1993年开始起步发展的，经过几年的缓慢发展后，独资企业从2001年开始，显示出更加良好的发展势头（图2）。

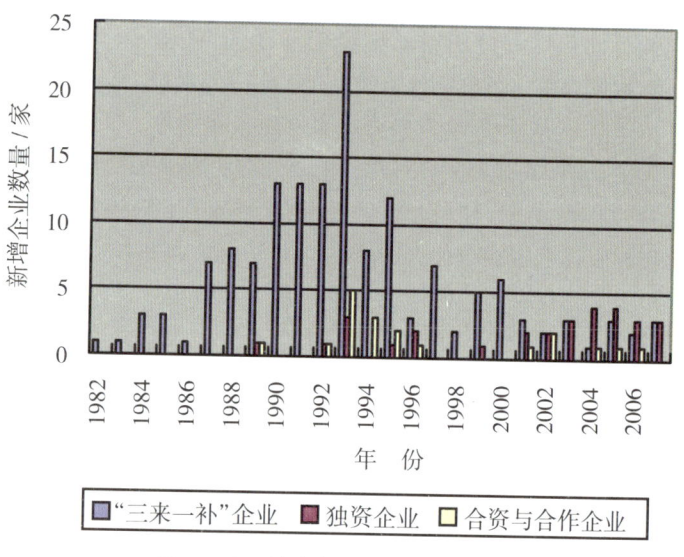

图2 雁田村外资企业的主要类型

其次，从企业生产的产品来看，尽管五花八门，种类繁多，但如果我们进行归类分析的话，就会发现电子产品和电子配件（包括小型家用电器、各种电料等）生产厂家最多，共有41家，占20.3%；各种塑料制品（包括塑料工模、塑料壳、塑料衣架、塑料录像带、盒等，但不包括塑料玩具）生产企业数量次之，共有39家，占企业总数的19.3%；各种五金产品（包括五金配件）生产企业数量排在第三，共28家，占13.9%；钟表及其配件生产企业数量居第四，共20家，占9.9%；玩具

---

① 胡必亮、王晓毅、张军、姚梅1995年初在雁田调查时发现，当时雁田已经办起了30家合资企业。其中与港商合资办企业19家、与台商合资办企业7家、与日商合资办企业4家，而且这些企业的投资规模都相对比较大，设备也比较先进，产品的技术含量比较高（王晓毅等，1996：125）。但在2007年的202家企业中，合资企业和合作企业一共才有9家，这说明这类企业中的大部分已经转型了，或转往其他地方去了，或倒闭了。

（包括塑料玩具、金属玩具、布料玩具、毛料玩具等）生产企业数量排第五，14家，占6.9%。

其他的一些生产产品还有服装鞋帽（包括各式手袋）、各种首饰制品（包括银制品、半宝石制品等）及其配件、各类纸制品（包括纸盒、纸制礼品袋、信封等）、油墨和油漆（包括各种涂料）、眼镜（包括泳镜和放大镜）、马达仔、高尔夫球杆、厨具、木制家具、金属架、磁粉、风帆及其配件、牛皮带、玻璃制品，等等（表7）。

雁田的劳动密集型产业占相当大的比重（邹毅　摄）

表7　2007年雁田202家企业产品分类简表

主产品	生产企业数量/家	占企业总数比重/%
电　子	41	20.3
塑　胶	39	19.3
五　金	28	13.9
钟　表	20	9.9
玩　具	14	6.9
服装鞋帽	10	5.0
首　饰	9	4.4
纸制品	9	4.4
油墨、涂料	3	1.5
眼　镜	3	1.5
马达仔	3	1.5
高尔夫球杆	2	1.0
厨　具	2	1.0
其　他	19	9.4
合　计	202	100.0

资料来源：2008年7月作者实地调查数据。

如果将2008年时雁田202家企业的产品生产结构与1994年该村当时的316家企业的产品生产结构（表8）进行比较的话，我们发现位于前5位产品的生产企业在数量上仍然占据领先优势，不过它们在排列次序上发生了少许变化。主要是生产各种塑胶制品的企业在数量上更多了，生产服装鞋帽的企业数量相对有所减少。但长期以来构成雁田所在地区工业发展的5大支柱产业（五金、电子、塑胶、玩具、纺织服装）的基本格局没有发生根本性变化，但逐渐向电子、塑胶、五金3大行业（1994年占46.2%，2007年占53.5%）集中发展的趋势更加明显了。这样的产品生产结构变化趋势与20世纪80年代初期以玩具和纺织等产品的来件装配为主和80年代后期开始出现简单的加工产品生产以及90年代出现电子产品和成套成品生产相比，表明产品生产结构是在不断改善和提升的。

表8　1994年雁田316家企业生产的主产品分类结构简表

主产品	生产企业数量/家	占企业总数比重/%
五　　金	59	18.7
电　　子	51	16.1
塑　　胶	36	11.4
玩　　具	30	9.5
纺织服装	28	8.9
皮　　革	19	6.0
钟　　表	13	4.1
机　　械	11	3.5
首　　饰	10	3.2
纸制品	9	2.8
家　　具	5	1.6
制　　鞋	3	0.9
物　　业	1	0.3
其　　他	41	13.0
合　　计	316	100.0

资料来源：王晓毅等，1996：123.

再次，从企业所雇佣员工的规模来看，2008年这202家企业共雇佣员工41 409人，平均每家企业雇佣员工205人。但员工雇佣规模在不同企业之间存在很大差别：雇佣员工最多的企业是1994年在雁田建厂的日资企业东莞信浓马达有限公司，该企业员工总数2008年为3 300人。另外几个雇佣员工也比较多的企业包括：生产服装的外商独资企业——联雅制衣（东莞）有限公司，2005年初在雁田投资建厂，现雇佣员工2 000人；东莞凤岗雁田今井工艺厂，是一家于1984年10月份在雁田建厂的老"三来一补"企业，主要生产人造树、人造果、丝花等产品，目前工人总数1 700人；东莞凤岗雁田宏德电子厂，是一家1995年在雁田建厂的"三来一补"企业，主要生产微型电机和线圈，截至2008年雇员为1 500人；1994年6月在雁田建厂的合资企业——东莞宝华利塑胶制品厂，该厂生产PVC塑胶制品，截至2008年雇员1 300人；1993年底在雁田建厂的"三来一补"企业——东莞凤岗雁田日兴塑胶电子玩具制品厂，该厂主要生产塑胶电子玩具，企业员工1 000人。最小的企业目前仅仅只雇佣了2名员工，有的只雇佣了5名或6名员工。从企业类型来看，"三来一补"企业的平均雇员为172人，独资企业平均雇佣员工260人，合资和合作企业的平均雇佣人数为376人。

最后，从企业年收入来看，2007年195家企业（有7家企业的收入数据未能获得）的总收入为4 482 986 001元（近45亿元），每家企业平均的年收入为22 989 671.80元（近2 300万元）。如果我们结合这195家企业的员工总数（40 373人）来考虑的话，就可以得到以总收入计算的平均劳动生产率为111 039.21元（11万余元）。

（4）外资企业需要向村集体缴纳各种费用

外资企业在雁田投资办厂，当然应该依据中华人民共和国的各项相关法律和规定缴纳各种税收[①]。除此以外，由于这些

外资企业的职工宿舍和食堂等生活设施（邹毅　摄）

---

① 实际上，为了吸引外资企业进入中国，在1994年税制改革前，中国政府对外商投资企业采取了十分优惠的税收政策，包括减免3年所得税，3年后视情况保留一段时期的减免比例等政策。据我们在20世纪90年代的调查，在雁田的30家样本企业因此而共少缴所得税490多万元，每家企业平均少缴16万余元。这对于处于发展初期的企业是有积极促进作用的（王晓毅等，1996：148）。

外资企业建在雁田村,占用雁田的土地、租用雁田的厂房,因此这些企业也需要向村集体缴纳土地和厂房使用租金;由于村集体为企业在当地的健康发展提供了许多方面的服务,因此企业也需要向村集体缴纳综合服务费和外汇提留款。这些就构成了外资企业与村集体之间经济关系的基本内容。

首先,企业使用村集体的土地,需要向村集体缴纳土地租金。我们在1995年到雁田调查时,发现当时大部分企业都是租地,占了我们抽样调查30家企业中的76.7%,只有16.7%的企业是购买了土地使用权的(王晓毅等,1996:149)。当时土地的租期最短为10年,最长为50年,30家样本企业中超过半数企业的租期为50年。购买土地使用权一般为50年,极少数企业只购买了30年的土地使用权。我们的调查还表明,在当时雁田的300多家外资企业中,购买了土地使用权的企业数量占40%,但这部分企业的投资占了所有企业总投资的60%。说明当时购买土地使用权的外资企业多数都是实力相对比较雄厚的企业(王晓毅等,1996:150)。

不过,现在的情况有了一些变化:绝大部分外资企业都不再从村集体租地了,而是直接买地,一般都拥有50年的土地使用权,但企业需要每年向村集体缴纳土地管理费(实际上是土地使用费)。收费标准一般根据地理位置和地形特征的不同为0.80~2.00元/(米^2·月)不等。20世纪90年代初期,村里的地

清点货物(邹毅 摄)

租收入和土地管理费收入合计为每年大约200万元,但现在已经超过2 000万元了。譬如说2006年为1 830万元,2007年为1 312万元,2008年为2 287万元(图3)。

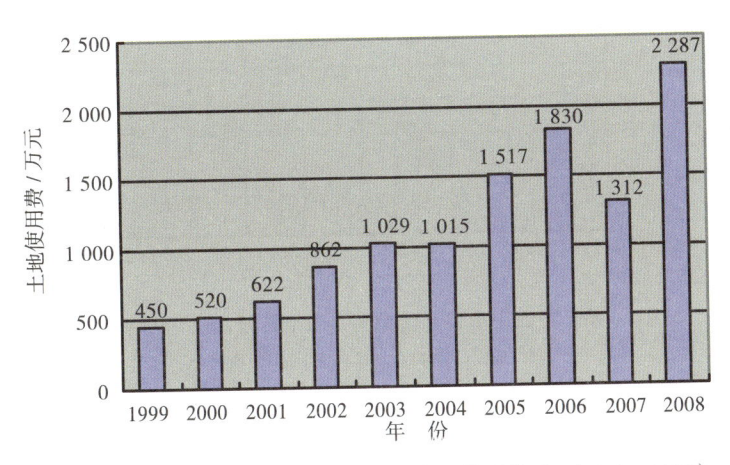

图3 外资企业向雁田村集体缴纳土地使用费的情况 (1999—2008)
资料来源:2009年2月作者实地调查数据。

其次,企业租用当地厂房需要缴纳厂房租金(通常简称为"厂租")①。厂租根据厂房的新、旧程度以及地理位置的不同而有一定的差距。厂租合同一般定为5年,5年内厂房租金保持不变,一般是每5年后租金增长25%。以2007年为例,企业向村集体缴纳的平均厂租价为10元/(米²·月)②,当年外资企业共向村集体支付了3 970万元的厂租,另外还付给了村民小组共200多万元的厂租。2008年外资共向雁田村集体支付了4 587万元的厂房租金,比2007年增长了15.5%(图4)。

再次,企业需要向东莞市、凤岗镇和雁田村缴纳外汇留成(有时也叫"结汇收入")。"三来一补"企业在雁田村从事加工、生产,因此企业需要从境外汇入外汇来支付一些成本(包

---

① 曾经有一段时期,雁田村集体与外资合资办厂时,是以厂房入股形式实行合作的。在这样的情况下,企业就需要给村集体支付厂房入股的分红。当时的回报率很高,一般都在25%。

② 20世纪80年代外资进入雁田村的初期阶段,其付给村集体的平均厂租价要高于现在,当时平均租价为13元/(米²·月)。

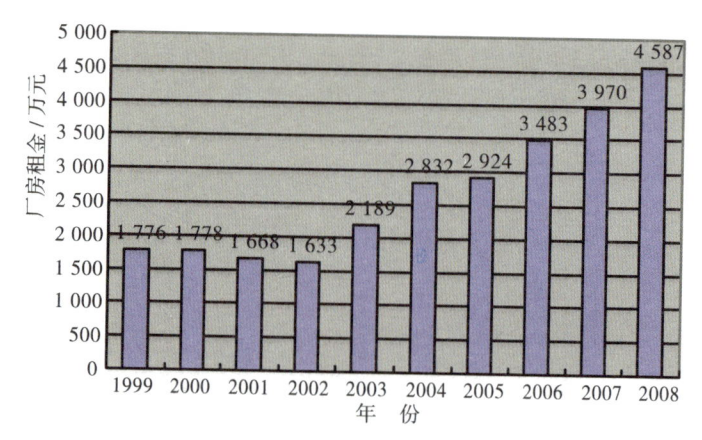

图4 外资企业向雁田村缴纳厂房租金的情况（1999—2008）
资料来源：2009年2月作者实地调查数据。

括工资、电费、租金等各项费用①）。所谓"外汇留成"就是从所汇入外汇中扣除手续费之后的部分提出25%给企业投资所在村和所在镇②，其中留给村集体的部分占17%，留给镇里的部分占8%。从2002年开始，外汇留成收入的总比例从25%减少到了22%，但这并不影响村集体的收入，因为村集体仍然可以拿到17%的比例，只是留给镇里的比重相应地从8%减少到了5%。在雁田外资企业发展的高峰时期（1994—2004年），外资企业向雁田村所缴纳的这项费用曾高达近5 000万元（如2000年为4 903万元），但2007年已经下降到了2 859万元，2008年进一步下降到了只有2 473万元（图5）。

最后，外资企业需要向村集体缴纳一项综合服务费（也称"管理费收入"）。这项费用的征收标准为企业出口值的0.8%。外资企业2007年共向村集体缴纳了1 185万元的综合服务费，2008年急速下降到仅仅只有377万元了（图6）。

---

① 但通常不包括原材料的采购费用，因为这类企业一般不在大陆采购原材料。

② 譬如说，一家投资于雁田村的香港企业，当它从香港总部向雁田的企业汇入1万元港币，也就是相当于当时的1.06万人民币时，扣除了手续费以后为1.02万元人民币。这样，雁田村和凤岗镇就可以从这1.02万元中分别取得1 734元（占17%）和816元（占8%）的所谓"外汇留成"收入。

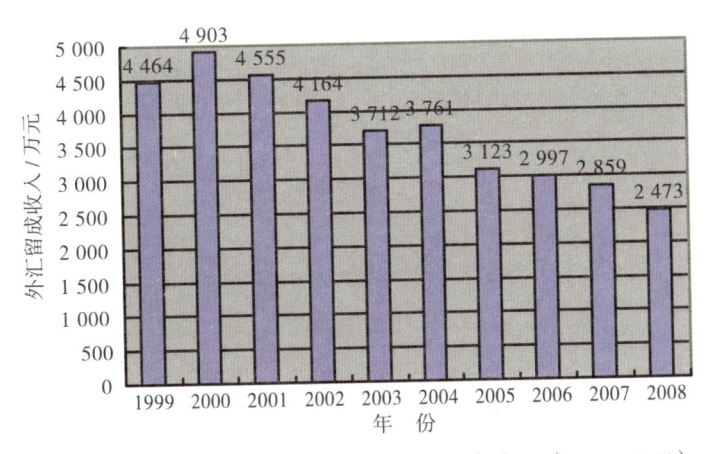

图5 雁田村集体从外资企业取得的外汇留成收入（1999—2008）
资料来源：2009年2月作者实地调查数据。

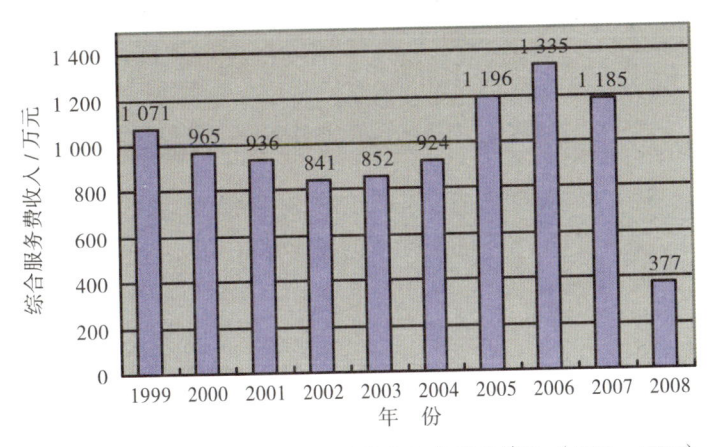

图6 外资企业向雁田村集体缴纳综合服务费的情况（1999—2008）
资料来源：2009年2月作者实地调查数据。

以上4项费用就是外资企业在雁田投资办厂所需要缴纳的主要费用。换一个角度讲，这些也就是雁田村集体从外商投资企业那里得到的好处费。1999年，村集体从外资企业那里取得的4项收入的总和为7 761万元，2007年为9 326万元，2008年为9 724万元（图7）。尽管受到了全球金融与经济危机的一定影响，但2008年村集体从外资企业那里所取得的各项收入的总和仍然比2007年增长了4.3%。如果我们按照当年企业总数（1999年326家、2007年230家、2008年202家）进行简单平均的话，可以看出，1999年每个企业向村集体平均缴纳了23.8万元的费用，2007年为40.5万元，2008年为48.1万元。当然，外资企业在缴纳各种费用的同时，也享受到了村集体所提供的各种服务，从而保证企业在雁田得以可持续地快速健康发展。

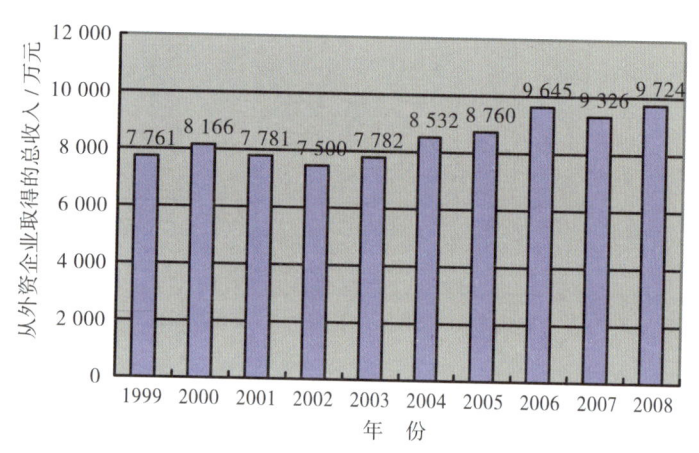

图7　雁田村从外资企业取得的总收入情况（1999—2008）
资料来源：根据图3～图6的数据计算得到此图。

（5）村集体向外资企业提供的各种服务

为了引导外资企业在雁田的快速健康发展，村集体从各方面采取了许多办法，积极为外资企业提供多种服务。

首先，为外资企业选好精兵良将，把村里最好的人才按照需要分配到各企业。这项工作在20世纪80年代初期外资企业刚刚进入雁田村时做得最好，每当一个新的外资企业进入雁田村时，村领导都要反复推敲派谁进入这家企业协助外商投资者把这家企业办好。当1980年第一家港资进入雁田时，村里决定派老书记邓就权亲自上阵，就任这家企业的厂长[①]。同时也非常认真地将村里最好的青年人挑选出来，派到这家企业去当工人。

随着外资企业数量的不断增加，受村里的劳动力所限，从

---

① 雁田村与所有进入该村的外资企业都达成了一个基本协议，那就是外资企业的厂长、会计和报员必须由雁田村委派人承担。我们猜测，这一方面是为了使村集体能做到及时了解企业发展情况，及时帮助企业解决各种具体的实际问题；另一方面，也有利于及时了解外资企业的财务状况，避免企业逃缴税费的情况发生。

20世纪80年代后期开始,村里通常就只向企业派出3名管理人员——厂长、会计和报关员,为外商投资者管理公司的一些主要事务提供帮助。实际上,当外资企业进入雁田村的数量达到400家时,村里至少需要派出1 200名企业高级管理人员,而雁田的劳动力总数当时一般也就只有1 500人,减去那些公共服务部门的劳动力(如教师、医师、银行职员等)和从事自我经营活动的劳动力(如开商店的、开餐馆的等)后,仅仅只是找出那些从事企业管理方面的管理者,就不是一件容易的事。因此村里只好将派往有些企业任职的管理者人数由3人减少到2人,以保证这批高级企业管理人员在供给和需求之间的基本平衡。由此可见,雁田本村村民现在基本上都是企业管理人员,都是"经理"或"总经理"。

很显然,会计和报关员所从事的工作更多地属于技术性比较强的专业性工作,而厂长的工作就相对灵活一些。从村集体的角度来讲,主观上是希望自己派到各外资企业的厂长都成为村集体常驻企业的大使,成为村集体和企业之间的"桥梁"。因此,村里也是非常重视派去外资企业作为管理者的素质的,通常的基本要求就是至少是高中毕业,现在所派出的一些年轻人通常都是大专毕业,而且有越来越多的大学本科生毕业后自愿回到家乡,这些人一般是会被优先考虑派到外资企业的。

其次,加强"硬件"建设,不断改善雁田地区的基础设施条件和状况,为外资企业在雁田的健康发展提供良好的物质基础。雁田村集体在这方面主要抓了两项重要工作:一是根据外资企业在雁田投资的地理位置不同,同时考虑相同或相似产品相对集中生产的原则,规划并建成了10大专业化工业区,包括怡安工业区、第一工业区、第二工业区、

雁田村的步行街(邹毅 摄)

第三工业区、第四工业区、西南工业区、北埔工业区、水贝工业区、石蚬工业区和长表工业区。工业区的建成，有利于保障集中提供相关的基础设施，节约生产成本；同时也有利于比较集中地加强环境保护与管理。二是根据外资企业生产发展以及企业员工和本地居民生活需要的实际情况，大力建设村庄道路，并将村庄道路一方面与村庄周边的主干道相连接，另一方面与工业区相连接；同时不断改善通讯配套设施，兴建水厂、配电厂、加油站等基础工程项目，解决了企业通讯、用水和用电等关键性问题。关于基础设施建设事业发展方面的具体内容，我们将在以后的相关章节中作专题讨论。

最后，加强"软件"建设，不断提升村集体对外资企业的服务质量与效率。村集体在这方面作了很大努力，改进了许多方面的工作，其中一项重要工作就是为适应大量外资进入的需要，村集体于1988年成立了一个专门机构，即"对外加工装配办公室"（以下简称为"加工办"）。在加工办创办的早期阶段（1988—1994），其主任由村里的第一把手、长期以来得到了村民普遍信任的村党支部书记邓耀辉直接兼任，副主任为村里公认的办事干练、工作认真、协调能力强、文字水平高的邓旭枢担任。1994—2003年间，加工办主任由具有丰富企业管理经验的陈广胜担任。2004—2008年由邓惠新任主任，而从2008年后期至今由李惠邦担任。该办公室的工作人员也都是经过反复斟酌而精选出来的素质很高的村干部。

加工办主要有三个方面的职能：一是协调外资企业与地方政府各职能部门及其与村集体之间的各种关系，帮助办理外资企业在雁田投资所涉及到的各方面的具体事务；二是对在雁田村开办的所有外资企业实行行政管理和业务管理；三是代表村集体作任命或辞退各外资企业厂长（经理）、会计、报关员等

雁田购物中心之一——维多利亚城（邹毅　摄）

重要人事安排。加工办下设办公室、核销组、结汇组、报关组、统计业务组、调解组、运输组、消防管理组等各具体办事部门。加工办成立后,实行"一个窗口对外"的基本原则,为涉及外资在雁田创办工厂的所有相关事务提供全方位服务,包括洽谈、签约、工商登记、审批、备案、报关、香港直通手续等各项事务。对于大多数外商投资项目而言,所有这些程式性的工作,该办公室基本上能够做到一个项目在1个工作日内全部完成,即使加上从境外运进设备等具体工作,每个项目从正式接触、洽谈到设备购进到厂这段时间一般也就1个多星期的时间,最快的则不到1周时间都能办完。

除了通过新成立像"加工办"这样的机构来提高村集体为外资企业服务的效率外,村集体还多方努力,最终经当地政府同意于1994年在雁田村设立了公安派出所,以维护雁田的社会稳定,保障本地区企业生产和人民生活的正常秩序。同时,村集体从20世纪80年代中期就投资新建了雁田影剧院,以活跃企业员工与当地群众的文化生活,还开办了专门为农民工子弟提供教育服务的学校。在改善原有医疗卫生条件的同时,村集体还与有关公司合资兴建了主要为外资企业老板提供医疗卫生服务的股份制医院,等等。

3. 外来劳动力的增加

除了引进外资企业外,雁田村快速的工业发展也直接得益于大量廉价的外来劳动力的持续不断供给。从我们2008年7月份的调查结果来看,当时全村202家外资企业共有职工41 409名,其中95%以上是外来劳动力,也就是说其中的4万人左右为外来劳动力。当我们与东莞市公安局凤岗分局雁田派出所(以下简称"雁田派出所")领导讨论这一问题时,我们得到的保守估计是,即使在2008—2009年国际金融危机的情况下,在雁田打工的外来劳动力仍然在5万人左右。这仅仅只是指那些在"外来人口服务中心雁田服务站"办理过"暂居证"或"租赁证"的外来劳动力的数量。在2013年8月最近的一次调查中,村长介绍的情况是,雁田村的总人口接近10万,其中有8万左右的人是外来流动人口。实际上,总是有一些经亲

雁田村居民区里的商业街（邹毅 摄）

戚朋友介绍来短期工作的劳动力是不办理这样的证件的。当然，更多的情况是一旦一家有1个人办理了这样的证件后，其家属往往也就不再办理这些证件了。这样看来，即使在目前全球经济不景气、"三来一补"的外向型企业发展受到严重打击的情况下，在雁田村的外来劳动力和外来人口仍然是一个相当大的数量。

当然，目前的情况与前些年相比，确实出现了比较明显的减少与萎缩。据雁田派出所的领导讲，外地劳动力到雁田打工的最高峰时期是在1999年和2000年这两年，当时来雁田的总人口达到了15万人左右[①]。除了这两年的特殊情况外，通常情况下在雁田村各类企业打工和在这里做生意的劳动力大约有6万人，因此目前应该属于外来劳动力比较少的时期。

雁田的外地劳动力按照他们所从事的职业特点可以大致分为3种类型：第一种类型就是在工厂里做工的工人，我们称之为"外来工"，以上我们所提到的目前在202家工厂打工的4万多职工基本上都属于这种类型。20世纪90年代初，这类外来劳动力通常都会占到外来劳动力总数的80%以上。譬如说，1993年这一比重为86.9%，1994年这一比重为85.2%，2008年这一比例大约为82%。第二种类型指的是在雁田村从事行政管理和社会事业方面服务工作的专业人士，包括雁田村委会所雇佣的专职文秘人员、部分学校里的教师（有些是退休后受聘到这里任教的教师）、邮电局的专业工作人员、公安派出所的专业警察、银行里的专业职员等。这些人中的一部分计划长期留在雁田工作，有些只是临时性地在这里工作。第三种类型的外来劳动力指的是自我经营者，即我们通常所说的个体户。这又

① 包括了由某房管处所管理的在雁田的一个工业区内的10 000名左右的人口与劳动力以及由广东省粤海集团所管理的一个水库工业区内的2 000名左右的人口和劳动力。

包括两种不同的个体经营者：一种是个体农业经营者，主要指的是我们在前面已经分析过了的那部分在雁田租地种菜的蔬菜经营专业户，这部分经营者曾经达到过近400人，现在则不到200人；另一种是个体工商业经营者，其中尤以个体商业经营者居多。据初步估计，目前外地人在雁田所开办的各类商店大约有2 600家，从事商业经营的外来个体经营者有6 000多人。商店数量最多的为服装店、饮食店和日用百货店，其他比较多的商店包括副食店、理发店、瓜果店、粮油和土产杂货店等。从事这些个体经营活动的外来户除了来自广东省内其他县、市外，广西、湖南、江西、湖北、四川等省或自治区的人数比较多。第二种类型和第三种类型合起来的比重在20世纪90年代大约为15%，2000年以后有所上升，2008年在18%左右。

公司员工在食堂用餐（邹毅 摄）

雁田商店里的商品琳琅满目（邹毅 摄）

显然，外来工是雁田外来劳动力的主体力量，他们人数最多，直接与雁田的外商投资相结合，成为雁田对外加工业发展的重要动力。他们不断流入雁田，完全是我国劳动力市场日渐发育与发展、外商直接投资不断向我国转移以及这两者密切结合的结果。如果我们回首雁田工业发展的早期阶段，当时并没有外来劳动力。譬如说，当雁田村于20世纪70年代末期发展村集体工业时，根本就没有外来劳动力；在雁田村的对外加工业发展处于起步阶段的80年代初期，雁田也基本上没有外来劳动力，即使是雁田村本地人

二 全球化与雁田村　41

当时被外资企业所录用，也都是一件让人感到非常兴奋和高兴的事情，那说明了村集体领导对被录用者的一种特殊的提携与关照，特别是1980、1981和1982年到港商在雁田开办最早的几家"三来一补"型企业时更是如此。这说明当时对外来劳动力的需求并不强烈，同时当时非常封闭、落后的劳动力市场也并不支持劳动力的跨地区流动与转移的就业行为。

随着外来人口的增多，雁田的个体经营户也日渐增多（邹毅 摄）

相当多的外来工为女工（邹毅 摄）

随着国际资本不断向雁田的投入与转移，雁田的工厂数量不断增多，产业范围不断扩大，对劳动力的需求越来越多，而雁田本村的劳动力又远远不能满足这些需要，加上我国劳动力市场开始逐步建立起来并不断地由封闭走向开放，于是外来劳动力向雁田的流入也呈现出不断增加的趋势。据我们在20世纪90年代初期的调查，1989年[①]，已经有6 355名外来劳动力流入到了雁田村，其中有4 892人来自外省，占77%；1991年，流入雁田的外来劳动力继续增加到了8 000人，其中来自外省的劳动力为6 500人，占81.3%；1992年，外来劳动力8 500人，来自外省的也是6 500人，占76.5%；1993年，雁田的外来劳动力猛增到了31 230人，其中被工厂雇佣的外来职工为27 130人，其他类型的外来劳动力为4 100人；1994年，雁田外来劳动力继续增加到了34 448人，其中被外资企业雇佣员工为29 340人，其他类型的就业者为5 108人（王晓毅等，1996：186）。从这一点来看，我们可以透过雁田

① 这年春出现了我国实行改革开放政策以来的第一次大规模"民工潮"现象。

这样一个窗口看出我国劳动力市场建设及其与国际资本结合的发展过程和所取得的重大进步。

从雁田村外来劳动力的地区分布来看,雁田派出所的领导认为,目前外来劳动力除了广东本省以外,最多的来自于四川省、湖南省、广西壮族自治区和湖北省。这样的基本判断与我们20世纪90年代中期在雁田村所做的抽样调查结果大致是相吻合的。当时我们的抽样调查结果显示,在被调查的163名外来工中,来自广东的外来工最多,占25.8%;来自广西的其次[1],占19.6%;来自四川的和来自湖南的一样多,都占了16%;来自湖北的占8%;另外的14.6%来自其他各省份(王晓毅等,1996:195)。

雁田外来劳动力的受教育程度应该说是比较高的。同样是对这163名外来工的调查结果显示,他们中95%的人接受过初中以上教育,其中高中以上占46.6%,只有4.9%的人接受小学教育或是文盲(王晓毅等,1996:195)。

我们的调查表明,相当多的外来工对他们目前的收入状况还是比较满意的,而且他们对于企业给他们提供的福利(主要是员工可以免费住房,以及企业给予他们一定的伙食补助等)也比较满意。但目前最大的问题是社会事业发展方面所表现出的二元结构现象太严重,雁田本村人与外来劳动力在社会事业发展方面的差距太大。譬如说,外来工的孩子在雁田所上的学校与雁田当地人的孩子所上的学校是不一样的,外来工不能享受雁田村集体收入的分红,外来工与本村人在医疗保险、养老保险等各项社会保障方面都有很大差距(我们将在下面的各章节中做具体讨论),而且这两个社会群体之间在交流和沟通上都存在相当大的距离。总之,外来工在雁田的社会地位比较低。因此,在我们以上提到的对于163人的调查结果显示,只有18.4%的人明确表示准备长期在雁田工作和生活下去,其余

---

[1] 王晓毅等的研究表明,雁田的外来打工者最早是从广西来的。他们的著作中有这样一个故事:说是当年有一个在雁田当兵的广西人,复员以后与一个雁田当地人结婚成家。当他看到雁田外资企业对劳动力的需求很大而雁田本村劳动力数量又不能满足需求的现象后,就开始将自己广西老家的劳动力介绍到雁田的一些企业打工,于是外来劳动力逐渐增加起来。据说这是发生在1985年左右的事(王晓毅等,1996:194)。

生产车间一角（邹毅 摄）

81.6%的人要么明确表示不准备在雁田长期待下去（58.3%），要么对这个问题没有给予明确的回答（王晓毅等，1996：214）。

4. 家庭经济结构的变化

雁田村家庭经济结构的变化明显与全球化的影响密不可分。1995年3—4月份，我们曾经对雁田村进行过一次比较系统的调查，我们当时关心的一个重要问题就是农户家庭经济状况[①]。2008年7月，我们再次对该村农户家庭经济状况进行了调查[②]。本部分分析的基础就是我们从这两次实地调查中所取得的农户家庭经济数据。

1995年的农户家庭经济调查采取的是抽样调查方法。我们当时从每个村民小组抽5个样本农户——2个家庭经济状况比较好的农户，2个家庭经济状况处于中等水平的农户，1个家庭经济状况比较差一些的农户。这样，我们从9个村民小组中共抽样调查了45个农户。由于有1份问卷无效，实际得到有效问卷44份。44个样本农户占当时雁田村户籍总户数（682户）的6.5%；样本人口224人，占当时全村总人口（2 786人）的

[①] 当时参加实地调查工作的有胡必亮、王晓毅、张军、姚梅。那次调查研究的结果已写入《中国村庄的经济增长与社会转型：广东省东莞市雁田村调查》一书中（王晓毅等，1996）。

[②] 参加本次农户家庭经济状况实地调查研究的人员包括胡必亮、张斌、刘洁、王洁、陈方和李金平。

8.0%；样本农户户均人口5.1人。

2008年我们也采用了抽样调查的方法，从当时全村761户具有该村户籍资格的农户中抽选了39户，样本农户占全村总户数的5.1%；样本户总人口184人，占雁田村民总数3 089①人的6%；样本农户户均人口4.7人。同1995年一样，我们也是从每个村民小组抽样4~6户，但只调查了9个村民小组中的7个小组，对东一和长表两个村民小组没有调查。比较遗憾的是，由于未找到1995年抽样调查的原始资料，因此我们2008年所抽选的农户不一定就是我们1995年所抽样调查的农户，其中有些户是相同的，但也有一些户是不相同的。

改革开放前的雁田村也十分贫穷（邹毅 摄）

我们1995年做农户家庭经济调查时，了解到的是1994年的情况；同理，2008年7月份的农户家庭经济调查所了解到的是2007年的情况，两者在时间上相差13年。

（1）农户家庭收入来源与结构变化

如果将我们1995年年初与我们2008年年中的农户调查结果进行比较的话，我们会发现有些现象是相同的，但也有许多不同的地方。最大的相同之处在于不论是1994年的农户数据，还是2007年的农户数据，都显示出农业已经不再是雁田村民创造收入的主要来源了。不过，这两个年份的数据也显示出这种现象所表现出的程度上的差异性。当然，更多的是两组数据所表现出的许多不同之处与不同特征。

我们1995年的调查结果表明，在44个抽样调查的有效样本农户中，有3户的农地早在1985年就被村集体收回了，共涉及农地58亩，其中水田52亩、旱地4亩、自留地2亩。这3个

---

① 雁田当年的实际户籍人口为3 489人，但其中大约有400人属于外来的在雁田安家落户的人员，主要是通过购买新村的商品房和通过加入信浓马达有限公司而取得雁田村户口，他们的孩子虽然能够享受与雁田村民孩子同等的教育机会，但不能享受到村里的其他社会福利如养老保险、医疗保险、分红等。因此，我们没有将这部分人口包括在雁田村村民总数内。

村里的服务业很发达（邹毅 摄）

家庭共有人口20人，其中劳动力6人。除了其中1户得到了2 400元的补偿外，其他2户对于他们从村集体得到的补偿费已经记不清楚了。另外有1个农户的土地是被村集体于1987年收回的，共19亩地，其中水田14亩，旱地5亩。该户共有5口人，其中有2个劳动力，从集体得到了2 000元的补偿。其余40户的农地都是在1988年到1992年间被村集体逐渐收回。其中有10个农户的农地于1992年被村集体收回，所占比重最大；各有7个农户的土地分别于1988年和1990年被村集体收回；6户的农地于1991年被收回；2户的农地是1989年收回的；有8户记不清他们的农地究竟是哪一年被收回，但很确定是在1988年到1992年期间被收回的。几乎所有的被调查户都记得，他们是从村集体得到了一些补偿的——有的人说是每亩得到了300元的经济补偿；有的人说是每人得到了180元/年的补偿；有的则说是每户得到了300元的补偿，等等（王晓毅等，1996：71–73）。总之，主要经过5年的时间，雁田村民的农地被全部收回到村集体集中使用和管理了。当时村集体给予了农户一定的经济补偿，不论补偿是否合适，村民当时都是接受的，村民和村集体之间没有因此而发生任何冲突和矛盾。其主要原因在于我们以前已经提到过的那样，从1980年开始，境外投资者在雁田开办"三来一补"加工厂，优先吸收了不少当地劳动力在企业就业。于是当该村的土地于1982年分配到各家各户后不久，1983年村里就有4户主动要求将自己种植的农地转包给亲戚朋友耕种，基本条件就是要求对方代交农业税，或每亩包干交220~400元不等的转包费给转包户（王晓毅等，1996：70）。

农地收归村集体后，村民的收入自然也就不再主要从农业部门创造出来了，而必然是从非农业部门产生。基于当时的情况，同事们用了"新兼业化"这样一个术语来表示当时雁田村村民以企业就业为主同时兼营自己家庭经济中的各种其他经营活动的情况。这些兼营性经营既包括了农业经营，也包括了工业和第三产业经营。之所以用"新兼业化"这个词，是以此区别传统意义上的"兼业化"所表达的农民以农业为主兼营各种非农经济活动的现象。在我们当时所调查的44个样本农户中，尽管其户主基本上都在企业担任厂长或其他管理工作或在村里任职，但其中有7户同时经营着一定数量的果园，有3户同时从事家庭养猪业，有16户出租自己的房屋收取租金等（王晓毅等，1996：81）。正因为这样的兼业经济模式的存在，当时雁田村民的收入来源表现出了明显的多元化特征（表9）。

表9　1994年44个样本农户家庭收入来源表

收入来源	收入/万元	所占比重/%
畜牧和水产养殖	13.7	2.3
水果种植	11.9	2.0
建　筑	88.6	15.0
采石与加工	12.5	2.1
在"三资"企业就业	129.8	21.9
商业运输	90.9	15.4
修　理	10.2	1.7
行政管理	23.1	3.9
教育和卫生服务	16.5	2.8
房屋租赁	195.1	32.9
合　计	592.3	100.0

资料来源：王晓毅等，1996：84.

基于表9，如果我们将当时的农户家庭经营按照收入的基本分类方法进行分类的话，44个样本农户1994年的收入来源结构大致是这样的：首先，家庭经营性收入（包括畜牧和水产养殖、水果种植、建筑、采石与加工、商业运输、修理等6项）为227.8万元，占总收入的38.5%；其次，工薪收入（包括在"三资企业"就业所取得的收入、在村委会从事管理工作所取得的收入，以及在村教育和医疗卫生部门工作所取得的收入共3项）为169.4万元，占总收入的28.6%；最后，财产性收入（在这里仅仅只是指农户家庭私房出租的收入）为195.1万元，占总收入的32.9%（图8）。

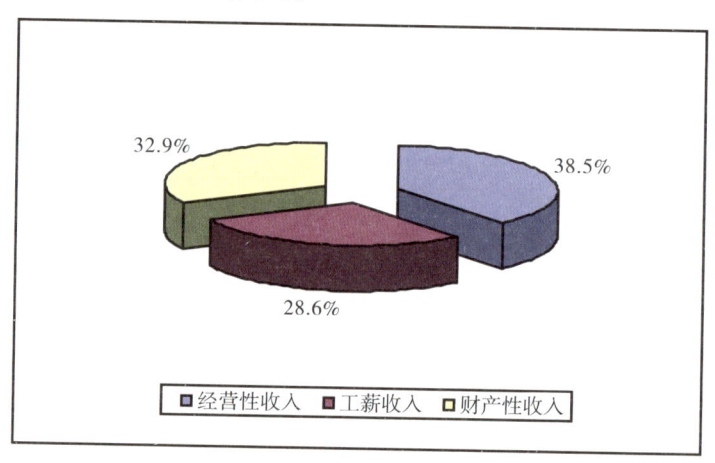

图8 1994年44个样本农户的家庭收入结构
资料来源：根据表9归类计算。

由于表9所提供的财产性收入没有涉及到利息、股息和从集体分红所得到的收入，而仅仅只有房屋出租一项收入，因此我们无法将财产性收入进行全面计算。实际上当时农户家庭收入中是有利息和股息收入的，也是有从集体经济中的分红所得的。但由于这样的收入在当时数量都很少，所占比重甚微，所以同事们在计算时也就忽略未计了。关于另一项家庭收入即家庭转移性收入，我们当时也未能给予重视，同样也没有将这项收入放到当时的分析和计算之中。

尽管如此，我们仍然可以从1994年的农户家庭收入结构中发现这样两个重要特点：一是尽管当时农地已经上收到村集体了，但村民的家庭经营性活动仍然比较普遍，家庭经营性收

20世纪90年代建设的村中道路与住宅（邹毅 摄）

入占了总收入中最大的份额（38.5%）；二是房屋出租（44个样本户中有16户出租自己的房屋给外来人口住居，占样本户总数的36.4%）已经初步显示出了其对于增加农户家庭收入的特殊重要性（当时就已经占到了家庭总收入的32.9%）。

到13年后的2007年，雁田村农户家庭收入结构究竟发生了什么样的变化呢？在讨论这一问题之前，我们应该首先看到，有些前提条件和基本情况在13年间已经发生了比较大的变化。譬如说，投资于雁田村的外资企业的规模更大了（数量不一定更多了），进而到雁田村从事商业经营活动的外来商业经营者的人数更多了，到外资企业打工的外来工也更多了，这些都直接给雁田村民带来了更多出租自己私房获取更多收入的机会；全球化带来的十几年的经济发展，使雁田村集体经济实力比以前更强大了，集体分红从以前占村民家庭收入中一个很不起眼的极小比重变得比较重要了；村里的基础设施条件也有了更大改善，为农户家庭更多、更深入地进入非农经营提供了更好的物质基础；等等。但有些基本前提却仍然依旧，譬如说农地的所有权和使用权仍然掌握在村集体手里等。正是在这样一些变化了的和没有变化的因素的共同作用下，我们非常有兴趣观察一下作为重要结果之一的农户家庭的收入来源和结构都发生了一些什么样的变化。

当处理我们2008年7月份从雁田村实地调查中取得的农户

家庭经济数据时，我们首先感觉到用于分析和计算农户家庭收入的一些指标的权重发生了非常明显的变化。譬如说，13年前的数据所显示的经营性收入在农户家庭收入中所占比重是十分重要的，但现在却不重要了；13年前农户从村、组两级集体所分得的红利在家庭财产收入中的比重很少，可以忽略不计，但现在不仅在财产性收入中占了很大一个比重，甚至在农户家庭经济总体中也占了一个相当重要的份额。

经过对雁田村39个样本农户2007年家庭收入来源与结构的问卷调查，我们得出了一张分析表，见表10。

比较表9和表10，我们发现：在样本农户家庭收入的主要来源方面，来自于工资性收入和转移性收入的部分占家庭总收入的比重实际上并没有发生大的变化——1994年样本农户的工资性收入占其家庭总收入的比重为28.6%，2007年占31.9%；1994年样本农户的转移性收入占其家庭总收入的比重被我们忽略掉了，2007年所占比重也只有2.2%，基本上可以忽略不计。但样本农户的家庭经营性收入与财产性收入在1994年和2007年却发生了巨大变化——2007年样本农户家庭经营性收入占农户家庭总收入的比重为10.8%，比1994年的38.5%减少了27.7个百分点；相应地，2007年样本农户家庭的财产性收入占家庭总收入的比重则比1994年增加了22.2个百分点——2007年为55.1%，而1994年则只有32.9%（图9）。这种变化得以发生，主要体现在两个重要因素发生了变化：一是农户家庭经营性收入占总收入的比重减少了近28个百分点；二是农户从村、组两级集体所分得的红利占其家庭总收入的比重从一个可以忽略不计的很小的数字逐渐增加到了接近23个百分点，而村集体收入的快速增加与外资企业的发展密不可分。这就是13年间农户家庭收入来源与结构所发生的最大变化。这表明雁田村民家庭收入增长既越来越不与其家庭经营活动相联系，也越来越不与其家庭成员的就业和劳动相联系，而是越来越依赖于其房屋出租收入和从集体所得到的分红收入（即家庭财产性收入）了。

需要说明的是：从分析技术角度讲，2007年的数据与1994年的数据不完全可比，因为在计算2007年样本农户家庭收入时的项目要比1994年多一些，如在2007年的计算中有家

表10 2007年39个样本农户家庭收入来源表

家庭收入来源	户数/户	收入/万元	占各分类组比重/%	占总收入比重/%
1.经营性收入	7*	108.2	100.0	10.8
（1）林业经营收入	2	15.0	13.9	1.5
（2）工业和建筑业经营收入	2	75.0	69.3	7.5
（3）服务业经营收入	4	18.2	16.8	1.8
2.工资性收入	36**	318.7	100.0	31.9
（1）在本乡地域企业中就业收入	25	123.5	38.8	12.4
（2）在本乡地域取得的其他劳务收入	16	45.2	14.2	4.5
（3）外出就业取得的收入	4	21.0	6.6	2.1
（4）从本地管理部门（主要是从村管理部门）取得的收入	16	129.0	40.4	12.9
3.财产性收入	39***	549.7	100.0	55.1
（1）房屋出租收入	36	318.9	58.0	31.9
（2）从村、组集体取得的分红	39	228.2	41.5	22.9
（3）利息收入	11****	2.6	0.5	0.3
4.转移性收入*****	12	21.6	100.0	2.2
总　　计	39	998.2	—	100.0

　　* 其中有1户从事2项家庭经营活动，所以参与家庭经营总户数为7，而不是8。

　　** 由于1个家庭通常有多于1名劳动力就业，因此这里的36并不是下面各项之和。

　　*** 由于1个家庭有多种财产收入来源，因此这里的39也不是各具有不同财产收入来源的户数之和。

　　**** 我们认为每户都是有利息收入的，但大部分被调查者不愿意告诉我们这样的信息，因为告诉了利息收入基本上就等于告诉了其家庭存款数量。

　　***** 转移性收入主要包括：（1）家庭非常住人口带回或寄回的收入；（2）亲友赠送；（3）救济金；（4）救灾款；（5）保险年金；（6）退休金；（7）抚恤金；（8）种粮补贴；（9）良种、农机和农资补贴；（10）其他补贴。对于雁田的某些村民而言，主要是村民小组发的老人金或其他补贴，所以数量很少。

　　资料来源：2008年7月作者根据雁田村实地调查数据整理、计算。

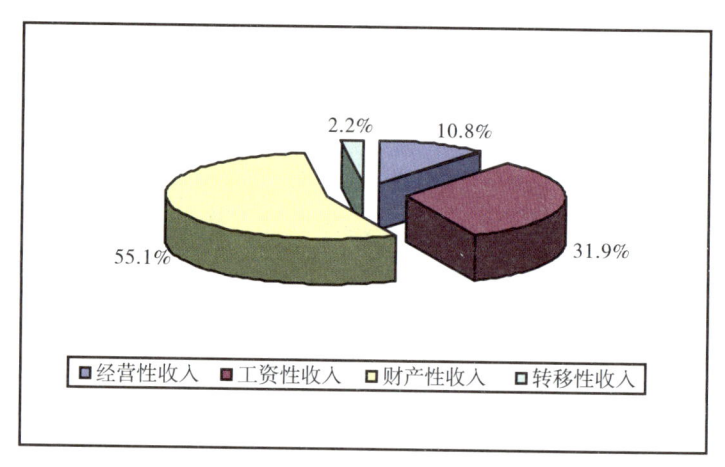

饼图显示：经营性收入 2.2%，工资性收入 10.8%，财产性收入 55.1%，转移性收入 31.9%

图9　2007年39个样本农户的家庭收入结构
资料来源：基于表10数据制图。

庭转移性收入、家庭从集体取得的分红收入等项目，但这样一些项目在计算1994年的农户家庭收入时则无。原因在于当时这些项目的数字都很小，在考察农户家庭收入时，即使当时对这些项目忽略不计，也不会太影响人们对农户家庭收入状况的总体判断；但现在的情况就完全不同了，如果对这些项目仍忽略不计的话，所得出的基本判断就可能完全是扭曲的。实际上，我们在计算2007年的收入时，将有些收入很少或只有很少人经营的项目如股票投资收入也计入到了我们的收入统计中。正因为如此，我们倒觉得这两个年份的数据是基本可比的，因为我们当时忽略了可以被忽略的，现在也忽视了一些继续可以被忽视的，但没有忽视那些过去被忽视了的而现在却不应该被继续忽视的变量和指标。

从样本农户的家庭财产性收入结构来看，我们在计算1994年样本农户的家庭财产收入时，仅仅只计算了农户私人房屋出租的收入，没有将其他各种财产性收入计算进来，主要是考虑到当时农户家庭除房屋出租收入以外的其他财产收入都非常少。2007年的情况则发生了很大变化——主要是村民从村、组两级集体组织所得到的分红从1994年非常小的一个数字迅速增加到了占农户家庭总收入22.9%的比例，从而出现了农户房屋出租收入（占农户家庭总收入的31.9%）和农户从集体取得分红两项在农户家庭财产收入中占99.5%的绝对优势的格局，前者占了58.0%，后者占了41.5%，另外的0.5%来自于利息收入（图10）。正因为如此，1994年时我们将只有两个样本户才有的很少的股票投资收入忽略未计。

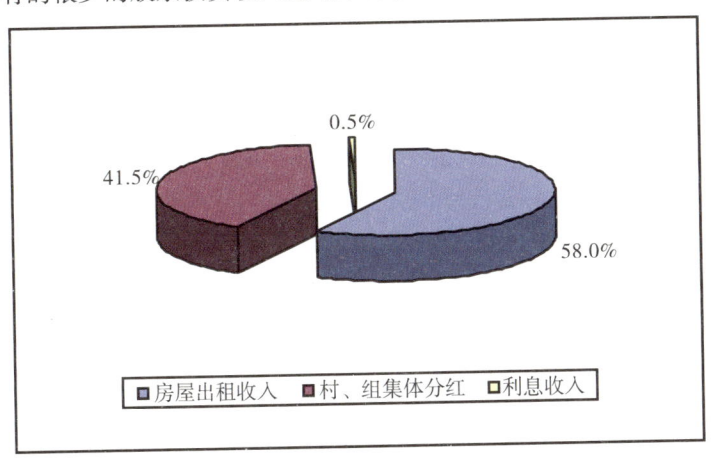

图10 2007年39个样本农户的家庭财产收入结构
资料来源：基于表10数据制图。

因此，从我们抽样调查的39个农户收入来源的情况来看，2007年这些农户家庭收入中超过50%的份额来自房屋出租收入和从村、组集体的分红（31.9% + 22.9% = 54.8%），31.9%的比重来自家庭成员的劳动收入，只有10.8%来自于家庭经营性收入，另外的2.5%来自其他收入（图11）。

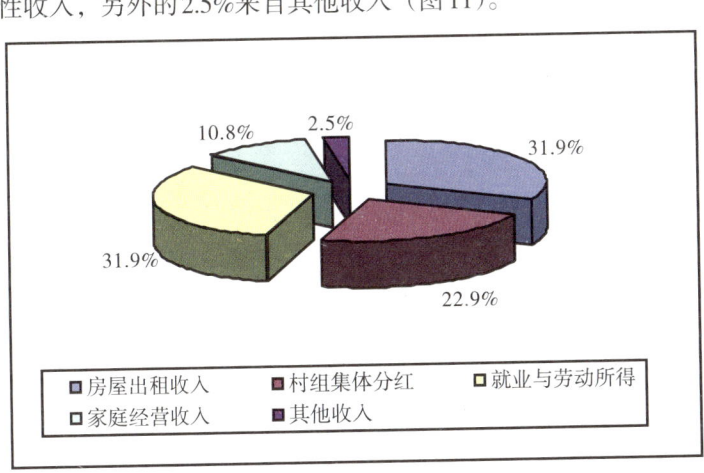

图11 房屋出租和村组集体分红决定农户家庭收入增长（2007年）
资料来源：基于表10数据制图。

二 全球化与雁田村 | 53

由于房屋出租主要是租给那些在雁田为外资企业打工的外来工以及在雁田村从事商业经营的商人居住的，村、组两级集体分红主要源于外资向集体所缴纳的各种费用（包括厂租、土地使用费、外汇留成和综合服务费），而雁田村民的就业与劳动机会也是与外资在雁田的发展壮大密切相关的，因此我们可以大致做出这样一个基本判断，即2007年雁田村家庭收入来源对外资具有很大的依赖性，村民收入增长主要是依靠外资企业在该村的发展来带动和提升的。这一特征仍然可以借用我们在分析雁田村集体经济时所使用的"外来性收入"和"自营性收入"概念，也就是说，雁田村民的家庭经济也主要是构建在外来性收入基础上的，真正意义上的家庭自营性收入所占份额非常少，只有10%左右。

（2）农户家庭收入差异的来源和变化

通常来讲，在以家庭经营性收入为主的收入结构情况下，农户之间的收入差别一般比较大，因为每个农户家庭成员的经营能力以及支持家庭经营性活动的物质资本、人力资本和社会资本在农户之间存在比较大的差异性。那么，在雁田这样一个家庭经营活动不活跃、家庭经营性收入占总收入比重很低的村庄，农户之间的家庭收入差距又是怎样的呢？其根本原因是否也是全球化的力量？

新世纪初开发的新的住宅项目（邹毅　摄）

从1994年的情况来看，根据我们同事提供的资料，1994年44个样本农户的总收入为592.3万元，户均收入13.5万元。其中超过13.5万元这个平均收入水平的农户有13户，占样本户总数的29.5%；家庭年收入低于13.5万元这一平均线的农户有31户，占样本户总数的70.5%。家庭年收入超过20万元的有7户，占样本户总数的15.9%；超过30万元的农户有4户，

占9.1%；超过50万元的农户有2户，占4.5%。家庭年收入最高的一户为90万元，最低的一户则只有1万元，最高收入是最低收入的整整90倍。有12户的年收入低于5万元，占样本户总数的27.3%（表11）。

表11　1994年44个样本农户的收入分布

收入分布	户数/户	占样本户比重/%
5万元以下（包括5万元）	12	27.3
5万~10万元	14	31.8
10万~20万元	11	25.0
20万~30万元	3	6.8
30万~40万元	1	2.3
40万~50万元	1	2.3
50万元以上（不包括50万元）	2	4.5
总样本户	44	100.0

资料来源：作者根据王晓毅等（1996）著《中国村庄的经济增长与社会转型：广东省东莞市雁田村调查》一书第75~76页表3.5计算整理。

从年收入超过30万元的4个农户的家庭经营活动情况来看，这些家庭收入的主要来源都是其家庭本身的经营性活动，而主要不是来自于房屋出租或在工厂就业的收入。以样本户中最富裕的家庭户为例，1994年其家庭总收入为90万元，其中40万元是其房屋出租的收入，另外的50万元则是其户主从事建筑业务的收入，主要是通过承包雁田村里的一些建筑工程项目取得的收入。样本户中另一个年收入超过50万元的农户1994年的家庭总收入为51.5万元，但他家并没有任何房屋出租收入，主要是通过与村里另外2人联合兴办水泥厂所取得的收入，当年从水泥厂所获得的收入一项就达到了50万元，另外的1.5万元是他从事运输业的收入。相反，1994年样本户中收入最低的3个农户基本上都只有从工厂就业中取得收入这一项，既没有房屋出租收入，也没有或只有很少的一点家庭经营性收入（表12）。那些至少能够从两种收入渠道（如有一些房屋出租收入，再加上从工厂就业中取得一些收入；或从家庭经营性活动中取得一些收入，再从工厂就业中取得一些收入等）中取得收入的农户其家庭收入基本上可以达到一年10万元左右。

表12　1994年样本农户中最高收入户与最低收入户之收入来源比较

收入/万元

	养殖	果园	工业/建筑	石场	工厂就业	商业运输	房屋出租	合计
最高收入户								
农户A	0	0	50	0	0	0	40	90.00
农户B	0	0	50	0	0	1.50	0	51.50
农户C	8.00	0.24	0	0	0	0	38	46.24
农户D	0	0	20	10	0	5.00	0	35.00
最低收入户								
农户1	0	0	0	0	1.00	0	0	1.00
农户2	0	0	0	0	1.06	0	0	1.06
农户3	0.60	0	0	0	1.06	0	0	1.66

资料来源：作者根据王晓毅等（1996）著《中国村庄的经济增长与社会转型：广东省东莞市雁田村调查》一书第75~76页表3.5计算整理。

从2007年的情况来看，39个样本农户的总收入为998.2万元，户均年收入25.6万元，比1994年44个样本的户均收入（13.5万元）高出89.6%。在39个样本农户中，高于25.6万元这一中位收入线的农户只有12户，占30.8%；低于这一平均水平线的农户有27户，占69.2%。这一情况基本上与1994年相同，也就是说，基本上都是大约只有1/3的样本户的收入水平高出样本户总数的平均收入水平，2/3的样本户的收入水平则低于平均收入线。

2007年样本户中收入最高的一户的家庭总收入为79.5万元，最低的一户家庭总收入只有8.3万元，最高收入是最低收入的9.6倍。很显然，2007年农户之间的收入差距比1994年缩小了许多，这一方面与样本户选择有关，另一方面也受村民从集体分红中取得的收入大幅增加和村民从自我经营性活动中所取得收入的份额大幅下降的直接影响。

1994年，绝大部分样本户的年收入在20万元以下，占了样本户总数的84.1%。2007年，样本户的收入水平更多地集中在30万元以下，占了71.8%。如果我们试图观察2007年80%～85%的样本户的收入情况的话，那么就必须将收入线往上推到40万元左右；如果我们取20万元来划分样本户的话，2007年低于20万元的样本户只占样本总户数的43.6%（表13）。这说明尽管2007年样本户中最高收入户的收入水平尚不及1994年样本户中最高收入户的高，但2007年绝大多数样本户的收入水平比1994年大多数样本户的收入水平有了相当程度的提高。

有的村民已经相当富裕了（胡笛　摄）

表13　2007年39个样本户的收入分布情况

收入分布	户数/户	占样本户比重/%
10万元及其以下	4	10.3
10万～20万元	13	33.3
20万～30万元	11	28.2
30万～40万元	4	10.3
40万～50万元	3	7.7
50万～60万元	3	7.7
60万元以上	1	2.5
总样本户	39	100.0

资料来源：2008年7月作者实地调查数据。

观察2007年具有高收入水平的样本户与收入较低样本户的基本特征，我们发现最高收入户与最低收入户在很多收入项目上的差距并不大。譬如说，从集体取得的分红、家庭的利息收入和家庭的转移性收入在这两个群体中的差别都很小。从家

二　全球化与雁田村

庭经营性收入来看，样本户中收入最低的4户都没有任何家庭经营性收入；样本户中收入最高的4户中有2户有自己的家庭经营性活动。在这2户中，一户既从事渔业经营，也从事工业经营，该户从渔业经营中取得收入15万元，从工业经营中取得收入50万元。不过，这样的情况在雁田并不普遍，属于特殊情况。另一户从事个体工业经营，年家庭经营收入10万元。我们在前面的讨论中已经提到过，39个样本户从事家庭经营性活动的总收入只占这些样本户全部收入的10%多一点，因此像一个家庭就通过其经营活动创造了65万元收入的情形也实属例外。因此我们不能认为造成收入差距的主要原因在于家庭经营性收入方面。

从就业收入来看，高收入组有1户的年工资收入高达38.7万元，这是因为该户户主是村委会的一名主要干部，他2007年的年薪（包括奖金）为30.6万元。这当然也应该属于一个特例。当我们将这些特殊情况都一一排除后，我们可以得出这样一个基本判断，即导致2007年样本户家庭收入差距的主要原因在于房屋出租收入方面的差距：4户高收入家庭都有房屋出租收入，其合计的房租总收入为64.7万元，平均每户房租收入16.2万元；4户低收入家庭中有3户有房租收入，一户没有房租收入，3户合计房租收入为8.1万元，如果我们按3户来计算平均值的话，每户房租收入就只有2.7万元。因此，高收入户

有的村民的经济状况还比较差（邹毅 摄）

的这项收入是低收入户的整整6倍（3个低收入户的平均水平），这与高收入户的总收入是低收入户的6.5倍的差异基本相吻合（表14）。

表14　2007年样本农户中最高收入户与最低收入户之收入来源比较

收入/万元

户　别	经营性收入	就业收入	房租收入	集体分红	利息收入	转移性收入	合计
最高收入户	75	66.4	64.7	22.8	0.1	6.2	235.2
DSY	65	4.8	5.5	3.6	0	0.5	79.4
DMC	0	38.7	10.2	4.8	0	0	53.7
YYM	10	9.9	24.0	7.2	0	0.7	51.8
DRW	0	13.0	25.0	7.2	0.1	5	50.3
最低收入户	0	6.8	8.1	18.5	0.1	2.6	36.1
DWY	0	1.8	0.9	5.6	0	0	8.3
DYM	0	1.8	3.6	3.4	0	0	8.8
DJH	0	3.2	0	6.1	0	0	9.3
LJQ	0	0	3.6	3.4	0.1	2.6	9.7

资料来源：2008年7月作者实地调查数据。

注：DSY和DWY等系农户户主姓名拼音首字母缩写。

通过以上比较，我们可以初步得出结论：1994年样本户中高收入户与低收入户之间的收入差距主要体现在这两个群体的家庭经营差异方面；2007年这两个群体之间的收入差距则主要体现在房屋出租的差异方面，而这又与全球化导致人口流入、城镇化速度加快密不可分。

5. 金融服务业的发展

从20世纪90年代初期开始，雁田的金融服务业发展一直伴随着雁田融入全球化即外向型加工业发展而发展。

首先因势而为率先发展的是邮政及其所涉及的一些汇款业务。当1990年雁田的"三来一补"企业发展到近150家、外来工近万人的时候，邮电的业务量大幅增加，如果继续依靠凤岗镇邮电所设在雁田公益街市的邮政代办所的一个职工（鲁连就）来处理雁田的来往邮件已经完全不能满足现实需要了。于是，1991年元月，东莞市邮电局、凤岗镇邮电分局与雁田村领导讨论决定在雁田村新建"雁田邮电支局"，专门承办雁田、官井头和油甘埔3个村（当时都叫"管理区"）的一般邮电业务，其所管辖面积为40平方千米，服务总人口当时在12万人左右。国营邮电系统共投资300万元新建了1座总面积为5 104平方米的5层邮电大楼，并于1992年元月开始正式营业，主要办理国内外函件、汇兑、包裹、报刊发行、特快专递、电子商务、国内外电信及经营邮电通讯器材等业务。开展经营业务当年的营业总收入就达到了1 100万元，1997年增加到8 000万元（邓耀辉主编，2003：246）。不过，1998年电信和邮政分家，由于种种原因的影响，雁田邮电支局撤销了，但凤岗镇邮政分局在雁田村域范围内设立了邮政支局，下属2个邮政所来处理雁田的邮政业务。

表15 雁田村的主要邮政业务情况　　　　　业务/件

年份	信件收发量	包裹收发量	汇出汇票量	汇入汇票量
1992	3 000 000	37 000	180 000	3 100
1993	4 436 266	56 374	219 835	5 118
1994	5 744 918	83 746	273 211	4 023
1995	5 512 112	97 371	297 638	4 408
1996	5 399 881	81 790	306 666	4 700
1997	—	72 636	342 024	6 000
1998	6 132 000	94 360	346 200	5 800
1999	4 440 311	77 905	364 719	7 200
2000	4 175 514	69 383	382 237	6 487
2001	3 362 191	55 884	348 359	7 033
2008	—	49 387	156 866	2 938
2009	—	42 911	143 871	2 890
2010	—	38 961	131 022	2 693

资料来源：1992—2001年的数据根据邓耀辉主编（2003）的《东莞雁田志》第247~250页的数据整理；2008年、2009年和2010年的数据来自于2011年4月的实地调查结果。

从表15中我们可以看出，汇款的情况在20世纪90年代表现出持续上升的特点，但近几年大幅减少；信件发出和收进总量1998年后开始减少，据说现在减少得更快，但我们没能得到具体数据；包裹的收发数量在1994—1998年间为最多，此后也出现了减少的趋势，近年来也更是大幅减少。这从一个方面印证了我们在前面的讨论中已经提到过的外资企业进入雁田的数量在1996—1998年间已经开始出现增幅明显减缓、此后便逐渐出现了绝对减少的现象。同时，我们也应该注意到，汇款方式发生了重大变化，银行可以直接办理，而不用到邮局来办理此类业务了；信件数量减少更是可以理解，因为手机、电子邮件几乎在全面地吞噬传统的信件邮寄市场。

金融是现代经济发展的核心力量。如果得不到金融支持的话，经济发展就会受到很大程度的不利影响。反过来讲，当一个国家或地区的经济发展很活跃时，它也会为金融的进一步发展创造良好的条件与机遇。毫无疑问，雁田村20世纪80年代和90年代的快速经济发展一方面呼唤金融的进入，另一方面也为地方金融发展提供了新的良好机会。几家大型国有银行在90年代初都清楚地看到了这一点。于是，中国农业银行领先于其他几家银行于1993年4月在雁田村的中心地段祥新中路12号设立了"中国农业银行雁田分理处"，开始在雁田村从事个人、集体和国营单位的存款、贷款、结算、电汇、异地电汇、

中国邮政在雁田村的营业所（王庆超　摄）

二　全球化与雁田村 | 61

中国农业银行在雁田村的分理处（王庆超 摄）

中国建设银行在雁田村的分理处（王庆超 摄）

中国工商银行在雁田村的分理处（王庆超 摄）

委托收款、代单位发工资、代发公债、代办保险等金融业务。据统计，在1993—2001年的9年间，该分理处已累计吸收存款近5亿元，累计发放各项贷款2亿元（邓耀辉主编，2003：254）。据我们的最新调查，该分理处（现已改名为"东莞凤岗雁田支行"）到2009年底的累计存款额已达8.6亿元，2010年继续增长到了10.02亿元，但贷款业务基本上都已上收到凤岗镇分行去办理了。

紧随中国农业银行之后，中国建设银行于1996年3月进入雁田村，在祥新路海晖大厦1层挂出了"中国建设银行雁田分理处"的招牌，主要从事存款、贷款、代理保险、存折炒股、结售汇、代单位发工资、结算、龙卡通存通兑等业务。到2002年6月底，该分理处累计存款近2.5亿元，2009年累计存款达到了5亿元左右，2010年进一步增加到了6亿元。

中国工商银行于1998年1月18日在雁田村正式成立了"中国工商银行东莞市分行凤岗雁田分理处"，办公地点选在了怡安中路，所从事的业务基本上与以上两家银行类似。到2002年7月止，该分理处累计存款近5 000万元。到2010年底，其累计存款数已经达到了3.3亿元，但同样也不在村一级支行办理贷款业务。

1998年11月，中国银行也进军雁田村，设立了"中国银行凤岗雁鸣分理处"（现已更名为"东莞凤岗雁鸣支行"），在丰田新村的地下商铺

中国银行在雁田村的分理处（王庆超 摄）

中国邮政储蓄银行在雁田村的支行（王庆超 摄）

开张营业。除了以上提到的各项基本业务外，该银行发挥其特长，积极为当地居民和企业办理外汇储蓄存款业务。该行到2002年6月底的累计人民币存款为2.2亿元，2010年累计人民币存款增加到了7.8亿元，另外还有229万美元存款。其与贷款相关的业务也需要到中国银行凤岗镇分行办理。

伴随着邮政储蓄银行的成立及其业务在全国范围的覆盖与发展，邮政储蓄银行也将触角伸向了雁田村。2006年，邮政储蓄所在雁田村开办，2008年更名为"中国邮政储蓄银行雁田支行"，年底存款余额达到了1.2亿元，2009年增加到了1.8亿元，2010年加速增加到了2.5亿元。

三 雁田村全球化现象的理论和经验总结

通过全球化，中国发生了社会经济结构的巨大变迁，雁田村为农村发展提供了一个很好的样本。作为"世界工厂"和"电子产品制造业中心"东莞市的一部分，雁田村的发展历程反映了中国融入全球化的一些普遍性的规律，也同时具有自己独有的特征。下面我们首先对全球化现象及其理论概念进行一个阐述，再对雁田村融入到全球化进程的一些经验规律进行总结。

（一）全球化现象及理论

1. 全球化的定义

"全球化"这一概念从20世纪80年代起在学术领域逐渐引起广泛关注并被大量运用。全球化的定义是什么？学术界对此进行了广泛的讨论。在经济学、政治学、社会学和地理学等领域，不同的学者给出了不同的定义，但在大多数情况下，全球化的含义是指经济现象，即经济全球化。本书所研究的全球化也指的是经济领域中的全球化。总的来看，全球化表现为一个历史进程，有其独特的体系或系统，同时表现出许多区域特征、时代特征以及其他方面的特征。

首先，从描述历史进程的角度出发，全球化有着丰富的内涵。联合国贸易和发展会议（United Nations Conference on Trade and Development, UNCTAD）认为："全球化是指穿越国家的和地区性的政治边界的经济活动在拓展，更确切地说是不断加快的拓展。它反映在有形的和无形的商品和服务（包括所有权）通过贸易和投资途径在不断地加快流动，并且通过移民途径进行的人员流动也在加快"（UNCTAD，1997）。世界银行的研究认为："全球化指的是一种一体化现象，即世界各国的经济、社会发展秩序所表现出的高度渗透、融合并最终形成为一个统一体的形态"（转引自胡必亮，2003）。欧洲委员会对全球化进行了如下定义（汤普森，2000）："全球化可以界定为由于商品和服务的流动，也由于资本和技术的流动，而导致的各国市场和生产相互依赖程度日益提高的过程。"前世界银行副行长I.戈尔丁教授认为（戈尔丁等，2008）："从一个广义范围来讲，全球化是跨国界人类活动的影响的增强，这些活动包括经济的、社会的、文化的、政治的、以及技术甚至生物，并且这些方面能够相互影响。"

其次，全球化定义描述了其独特的体系或系统。国际货币基金组织（1997）认为："全球化包括跨国商品与服务贸易及

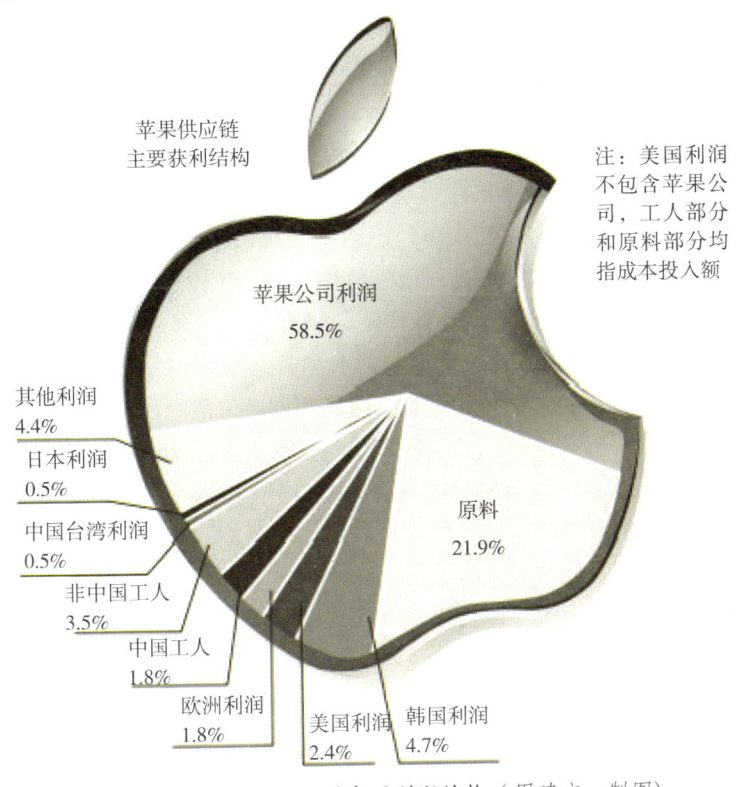

苹果供应链
主要获利结构

苹果公司利润 58.5%
其他利润 4.4%
日本利润 0.5%
中国台湾利润 0.5%
非中国工人 3.5%
中国工人 1.8%
欧洲利润 1.8%
美国利润 2.4%
韩国利润 4.7%
原料 21.9%

注：美国利润不包含苹果公司，工人部分和原料部分均指成本投入额

苹果公司国际分工下的各国利润结构（周建文　制图）

国际资本流动规模和形式的增加，以及技术的广泛迅速传播，使世界各国经济的相互依赖性增强。"中国社会科学院李琮（1995）认为："全球化是指以生产力为基础的所有经济关系在全球范围扩展和相互联系的发展过程。全球化是国际化特别是国际分工发展的最高阶段，是社会生产力发展的必然结果。它体现着包括生产要素、生产过程、产品的交换和消费、科学技术、信息服务等在全球范围内的分工和合作，各种经济关系在全球范围内的交织和融合。"

最后，全球化定义还具有明显的时代特征。在很多时候，全球化被用来描述当前的时代形势，即"战后美国垄断世界经济的能力因西欧、日本竞争力的上升以及地区性势力范围的出现而受到削弱"（Raghavan，1996）。经济合作与发展组织（Organization for Economic Co-operation and Development，OECD）认为（OECD，1992）："全球化是在全球范围商品市场和资本市场内进行的技术竞争、贸易竞争、文化竞争和政治竞争，从而争夺全球体系话语权的发展进程。在这些时代特征基础上，全球化使得世界上不同地区之间的关系以及不同社会之间能够相互影响。"著名的全球化问题专家、国际政治经济学家和新马克思主义理论家S.阿明（Amin，1996）认为："全球化是指这样一种正在出现的条件，在这一条件下，越来越多的价值观和财富在全球范围内的公司网络中进行生产和分配，而这种国际化生产是一家公司在其国界外拥有、控制或组织的增值活动。"英国全球经济问题研究中心专家A.鲁格曼（鲁格曼，2001）认为："全球化的典型特点是跨国公司跨越国界从事外国直接投资和建立商业网络来创造价值的活动，或者跨国公司进行世界范围的产品和服务的生产和营销。" 英国政府国际发展部认为全球化的特征是："通过商品、服务、资本、人员和信息间的流动来促进世界国家间的相互依赖和联系。这个过程以科技进步和国际间交易成本的缩减为推动力，以此来促进技术交流，传播思想，实现世界产品的共享，加速资本流动。"（Tikly et al.，2002）

总之，尽管全球化或经济全球化的定义还存在着分歧，但纵观全球化的各种内涵，我们可以概括出一个一般化的全球化定义，即：全球化是指各种生产要素或资源在世界范围内自由

联合国贸易和
发展会议徽标

经济合作与发展
组织徽标

著名的全球化问题专家
S.阿明（Samir Amin）

流动以实现生产要素或资源在世界范围内的最优配置。这也是比较受到认可的经济学角度的定义。

2. 全球化产生的原因

全球化是一股不可遏制的历史潮流，是生产力发展的内在要求。特别是第二次世界大战之后，国际经济格局的变化为经济全球化创造了条件。推动全球化不断向前发展的力量主要存在于以下几方面。

首先是科学技术的进步。特别是信息技术的发展，使得信息交流的成本大大降低，这就为贸易的自由化提供了一个最根本的基础。"地球村"这个概念最先是由加拿大传播学家M.麦克卢汉（Marshall McLuhan）于1967年在他的《理解媒介：论人的延伸》一书中提出的。在M.麦克卢汉看来，"地球村"的主要含义不是指发达的传媒使地球变小了，而是指人们的交往方式以及人的社会和文化形态发生了重大变化（麦克卢汉，2000）。在建设地球村的过程中，信息通讯技术在其中发挥着举足轻重的作用。尽管直至今天，我们设想中的"地球村"也没有完全实现，但现实的商业世界中的联系正在变得前所未有的紧密。21世纪初，八国集团在冲绳发表的《全球信息社会冲绳宪章》中认为："信息通讯技术是21世纪社会发展的最强有力动力之一，并将迅速成为世界经济增长的重要动力。"（新华社东京2000年7月22日电）

20世纪原创媒介理论家M.麦克卢汉（1911—1980）

其次是稳定的国际政治、社会环境。冷战的结束为经济全球化的兴起创造了政治和社会条件。20世纪90年代初，美苏两极对抗的世界冷战格局以苏联解体而宣告结束。世界政治环境急剧改变，缓和的国际关系为世界经济发展提供了有利的国际环境，"和平"与"发展"成为世界主题，"科技发展"和"经济发展"成为国际社会和各国政府内政外交的首要目标，而"经济发展"也已经成为各个国家特别是发展中国家面临的迫切任务。亚洲新兴工业化国家经济发展的成功范例，促使越来越多的发展中国家效仿对外开放、加强国际贸易的发展模式。苏联解体后，前苏联和东欧前社会主义国家等绝大多数社会主义国家都走上了改革经济体制的道路。这些变革都促成了

韩国等亚洲新兴工业化国家飞速崛起

世界范围的经济市场化趋势，创造了经济全球化所必需的体制前提，从而有利于促进各国经济和世界经济的快速发展，加速经济全球化进程。

最后是贸易和资本市场的日益开放，以及跨国公司的迅猛发展。越来越多的国家政府拒绝加大本土地方保护以规避国际竞争，也减少了通过进口关税、非关税壁垒等形式施加的干预。二战之后一些国际机构和组织的建立在促进自由贸易、抵制保护主义的过程中发挥了重要作用。例如世界银行、国际货币基金组织，又如在关贸总协定基础上发展而来的世界贸易组织，等等。同时，在自由贸易和资本市场开放的条件下，跨国公司为了追逐规模效益与分工效益，推动了投资和生产从国内分工向国际分工发展，销售从国内市场向国际市场扩张，形成了全球配置资源、跨国协调生产与经营活动的格局。跨国公司是世界经济中集生产、贸易、投资、金融、技术开发和转让于一体的经营实体，使得全球经济变得越来越像一个内部相互联系和相互依存的单一有机体。另外，跨国公司通过遍布全球的经营网络，实现人员自由流动、新技术和新观念同步应用，促进了技术和管理的空间扩散。

3. 全球化的表现形式

全球化可以从跨国公司的兴起和发展、外国直接投资、贸易和金融的自由化等方面表现出来。这些既是经济全球化的表现，又是促进经济全球化进一步发展的原因。

（1）跨国公司

经济全球化步伐加快的一个重要表现就是跨国公司的作用日益突出。"跨国公司"这一名称是在1974年由联合国经济及社会理事会命名的。1986年联合国制定的《跨国公司行为守则》中，对跨国公司进行了三个方面的界定："跨国公司"一词是指在两国或更多国家之间组成的公营、私营或混合所有制的企业实体；该企业在一个决策体系下进行运营；该企业中各个实体通过所有权或其他方式结合在一起，从而其中的一个或多个实体得以对其他实体的活动施行有效的影响。跨国公司在世界经济中的作用可以通过两类数据表现出来。第一是关于跨国公司经济活动的，例如从交易额、就业人员状况以及附加值等反映跨国公司整体经营状况的指标体现出来；第二类是通过外国直接投资的相关数据体现出来。

跨国公司肯德基、家乐福先后于1987和1995年进入中国

全球范围内跨国并购日趋盛行

跨国公司与主权国家一样,越来越成为全球化的主要角色。跨国公司按照其自身的经营战略在全球范围内融资、生产和销售,日益成为世界范围内社会化生产的组织者和不同产业科技转移与扩散的推动者。跨国公司的全球经营战略在很大程度上决定了世界生产、投资和贸易的格局。根据联合国贸易和发展会议《2013年世界投资报告》的数据,2012年跨国公司的国际生产继续稳步扩张:国际直接投资存量增长了9%,达到23万亿美元;跨国公司的外国子公司创造的销售额达26万亿美元,其中7.5万亿美元为出口额,销售总额较2011年增长了7.4%;子公司贡献的附加值达6.6万亿美元,增长了5.5%,高于全球国内生产总值2.3%的增幅。

(2)外国直接投资

外国直接投资(FDI)是国际经济一体化的重要部分,是推动本国企业发展的重要途径,也是发展投资接受国经济的重要方法,这表现在FDI不仅能够为接收国企业提供广阔的国际市场,还能够刺激技术转移,从而提高接收国企业的科技水平。其中,跨国并购以及日趋盛行的跨国战略联盟尤其促进了经济全球化不断深入发展。随着经济全球化的深入发展以及跨国投资规模的急剧增长,企业的外部经营环境发生了巨大变化,其生存和发展面临着空前严峻的挑战。为了适应国际市场

改革开放后中国大规模吸引了FDI进入

竞争的需要，应对经济全球化浪潮，一些实力雄厚的大企业纷纷采取措施，通过兼并、收购或强强联合等不同的方式实现企业资产的战略性重组，以扩大企业的生产经营规模和全球市场份额，降低经营成本，优化资源配置，进一步增强企业的资本和技术实力，提高企业的经济效率和国际竞争能力。这一时期，全球范围内跨国并购的规模巨大，数额惊人。联合国贸易和发展会议《2013年世界投资报告》统计的数据显示：1991—1995年全球跨国并购额的年增长率为24.0%，1996—2000年这一增长率则高达51.5%。2012年，全球并购交易总额比上一年激增47%，至3.34万亿美元，再一次达到了自2007年以来最为活跃的一个高峰年。跨国并购已成为发达国家跨国公司海外扩张的主要方式，在当今国际直接投资中占据着极其重要的地位。

（3）国际经济组织

与以往的全球化趋势相比，当今经济全球化的一个明显特点是，它在一定程度上可以说是有组织的。在美国主导下于20世纪40年代末建立的一系列重要国际经济组织，客观上也在一定程度上推动了世界经济发展。国际经济组织对经济全球化的重要作用主要通过实施组织管理和制定规章制度两条渠道加以体现。在实施组织管理方面，国际经济组织做了大量的工作。关税及贸易总协定（简称关贸总协定）通过其在过去半个多世纪中所进行的多个回合谈判及其结果，来对国际贸易实行具体管理。今天的WTO在解决各国各种国际贸易争端方面进行着富有成效的工作。WTO取代关贸总协定，不仅在国际商品贸易，而且在国际服务贸易及与贸易有关的知识产权等领域活动。国际货币基金组织（International Monetary Fund，IMF）及世界银行向世界各国提供了各种贷款，推动了资本的国际运动。近年来，世界银行还把注意力集中到解决人类共同关注的问题，从而把各国经济发展紧紧地连接在一起，促进世界经济的全球化。在制定世界经济规则方面，国际经济组织也具有重大影响。在全球化迅猛发展的背景下，世界经济规则起着日益重要的作用，而且随着广大发展中国家的加入，这些规则的建立将更加公平与合理。

世界银行徽标

国际货币基金组织（IMF）徽标

（4）国际贸易

货物和服务的国际贸易是全球化进程中的一个重要组成部分。WTO通过多轮贸易谈判逐步削减关税壁垒，加速了市场开放，推动了全球化进程。经济合作与发展组织也一直致力于削减贸易壁垒和扩大其国内经济的对外开放度。但同时值得我们关注的是与贸易自由化相悖的保护主义，例如非关税壁垒、进口限额、反倾销措施等，这些是贸易摩擦产生的根本原因。

（5）国际金融和货币体系

国际金融领域逐步向金融全球化方向迈进是指全球金融活动和风险发生机制逐渐趋同的过程。金融和货币全球化是20世纪80年代以来世界经济发展的最重要特征之一。

首先，国际贸易的发展、跨国投资的膨胀和科学技术的进步为金融全球化提供了物质基础。20世纪90年代以来，西方国家的大银行根据《巴塞尔协议》的要求开始了大规模合并、收购活动，以提高效益。其次，金融创新和金融工程成为金融全球化的技术基础。20世纪60年代以来，出于经济发展的需要和规避管制的需求，伴随着计算机和通讯技术的发展，主要工业国家先后都掀起了金融创新的浪潮。新的金融工具、新的金融市场和金融机构不断出现，为金融全球化提供了适当的载体。同时，随着金融理论与信息技术的不断发展，人们将工程思想应用于金融领域。H. M. 马科维茨（Harry M. Markowitz）的资产组合理论、W. F. 夏普（William F. Sharpe）的资本资产定价模型（CAPM）及其后来的套利定价理论（APT）标志着分析型的现代金融和财务理论的成熟。而F. 布莱克（Fisher Black）和M. S. 斯科尔斯（Myron S. Scholes）期权定价模型则极大地促进了金融科学工程化的进程。金融工程的发展加快了金融创新的进程，而金融创新又进一步推动了金融全球化的发展。最后，金融全球化的制度基础在于金融自由化和货币一体化。20世纪70年代以来，有两个浪潮席卷了几乎所有的国家，其一就是发展中国家的金融深化，其二就是发达国家的放松金融管制。金融深化和放松管制这两类变革的实质都是金融自由化，它们的目的在于改变对金融体制实施的限制，让市场力量发挥更大的作用，从而为金融全球化提供了良好的制度基础。同时，欧元一体化的最终形成标志着国际货币竞争格局的

1990年诺贝尔经济学奖获得者之一 H.M. 马科维茨（1927—）

资本资产定价模型的奠基者，1990年诺贝尔经济学奖获得者之一 W.F. 夏普（1934—）

加深，间接促进了全球化的进一步发展。

4. 全球化的发展历史

（1）第一波全球化浪潮

如果将区域间贸易算作全球化的开端，今天的全球性市场经济可能会追溯到几千年前。很多史料记载，早在公元前2 000年，就有商人在美索不达米亚和印度之间从事贸易活动。伴随着人类历史的发展，中国成为世界上第一个统一的帝国，从公元前221年的秦朝诞生开始，中国作为一个统一的帝国延续了2 000多年之久。从汉朝起，中国的商队就将丝绸和玉石生意扩展到了西伯利亚、印度、波斯等地。之后，中国也与世界上其他国家，例如罗马帝国建立了广泛的贸易联系。

但是，这些实际上仅仅是一些帝国之间的区域贸易通道，而真正的全球化的雏形，始于15世纪的"地理大发现"，这也是学者普遍认可的经济全球化的开端。这一时期航海技术的进步和资本主义的萌芽，促使欧洲各国在海洋寻找新的贸易路线和贸易伙伴。随着新航路的开辟，西方国家与东方世界的交流大大增强，文化得以传播，贸易得以发展，为自由贸易和资本主义经济奠定了基础（张丽，2012）。

波斯帝国遗址——波斯波利斯（Jerry Xu 摄）

第一波全球化浪潮结束于1914年第一次世界大战。经过这几个世纪的殖民扩张，一个以西方为主导的国际分工体系逐渐形成。在这一过程中，推动经济全球化的主导力量先后从葡萄牙、西班牙，到荷兰、法国，最后转移到英国。

第一波全球化持续的300多年时间里，世界格局发生了巨大变化。首先从贸易角度来看，贸易方式发生了深刻变化，即由简单的区域间贸易往来演变为由一个地区支配的隶属性经济关系。同时，世界贸易额也大大

古印度神庙

英国东印度公司

增加。据历史学家数据考证，从1698年到1775年，英国进口商品和出口商品分别增长了500%和600%左右（斯塔夫里阿诺斯，1998）。在全球范围内最终形成了一个由欧洲国家主导的新的全球贸易体系。

其次，跨国公司经历了从无到有的初步发展。跨国公司的雏形是1600年成立的英国东印度公司，它直到1858年才被英国政府正式取消。在此期间，丹麦、荷兰、法国、瑞典也相继成立类似的跨国企业，例如荷兰的西印度公司和英国的伦敦公司等也在东西方贸易往来中发挥着重要作用。1670年，哈德逊湾公司成立，是北美最早成立的商业股份公司。

早期的蒸汽火车

最后，工业革命作为全球化浪潮的重要推动力，在之后的全球化发展进程中，也同时受到了全球化的巨大影响。18世纪中叶的工业革命期间，水动力纺纱机、蒸汽动力织布机、电动机、蒸汽火车等相继发明出来，极大地促进了工商业和经济贸易的繁荣，提高了生产的效率，使得生产的剩余产品需要通过贸易来实现商品价值；同时，得益于交通基础设施的建设，

全球化与新农村
——广东雁田村个案研究

日本东京

尤其是航海技术的发展，远距离国际贸易也变得可能。而全球化进程带来的移民涌入、城市人口迅速增长以及各国文化、资源、技术的交流，助推了以美国为主导的第二次工业革命的发展。

（2）第二波全球化浪潮

一战、二战和美苏冷战使得全球化浪潮遭遇了短暂的停滞或者说放缓。直到20世纪80年代后期美苏两大政治军事阵营对峙的冷战后期，随着苏联的逐步瓦解，第二波全球化浪潮才开始出现。冷战的结束使得两大对立的世界逐步建立起经济往来，因为苏联的解体和东欧剧变预示着国际资本和商品贸易往来的政治障碍得以消除，加上中国的改革开放和东亚新兴市场经济体的崛起，意味着新的投资市场和新的商品市场的涌现。正是意识到了这一点，当时任英国首相的撒切尔夫人与美国总统里根都极力推行新自由主义经济政策。

在这一波延续至今的全球化浪潮中，全球化的影响力逐渐从美国扩散至诸多国家，比较明显的是日本、澳大利亚、拉美国家、亚洲四小龙（韩国、新加坡、中国台湾和中国香港）以及中国经济的陆续起飞。

与第一波全球化相比，第二波全球化有一个显著的不同，就是区域合作更加广泛。在合作共赢的利益驱使下，很多国家与其邻国结成了经济同盟。这容易让人产生错觉，认为区域合

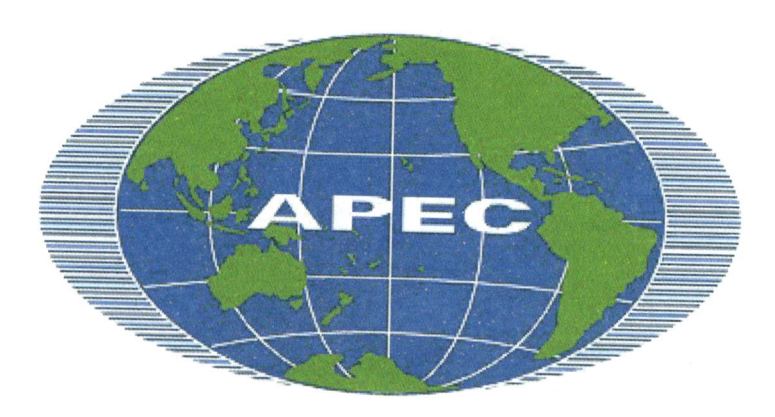

亚太经济合作组织标志

作会阻碍全球经济一体化的发展，其实稍作分析就会发现，区域化实际上同样是以外向型发展的手段实现自身利益。区域经济一体化是全球化的重要补充，它更强调合作共赢，优势互补。它不会取代全球化，反而会更加促进全球化，因为它们的终极目标是一致的。以欧盟为例，它由一个以经济合作发展为目的的欧洲经济共同体逐渐演化为集经济和政治功能为一体的区域性组织，在国际舞台上扮演了重要的角色。首先，欧盟的发展避免了各成员国的恶性竞争；其次，各成员国在激烈的全球竞争中可以发挥更大的影响力；再次，欧元的产生，使得欧盟各国成为一个统一的自由市场，提高了资本流动率，并且作为国际货币在国际金融市场上与美元形成了抗衡的地位。其他区域性组织，例如北美自由贸易协定、中国-东盟自由贸易区等也为该区域内的国家参与到全球化进程中来提供了便利条件。

不可否认的是，全球化虽然明显促进了某些地区经济的快速增长，例如东亚地区的韩国、中国香港以及新加坡，但也造成了发展中国家间的机会不平等。实际上，大多数非洲国家和地区，近几十年来的国际贸易额一直在下降；某些拉丁美洲国家在融入到全球化浪潮中时遭遇了多次危机，甚至出现了经济衰退；主要的石油输出国的经济状况随着国际石油价格波动而大起大落；就连经济腾飞中的东南亚国家也难以避免遭受1997年金融危机的重创。因此，我们应该客观全面地分析全球化对

本国经济的影响,只有意识到其中的风险与挑战,才能在第二波全球化浪潮中占据主动,求得长远发展。

5. 全球化程度的评估

(1) 国外的评价体系

1) 联合国贸易和发展会议的利用外资指标

联合国贸易和发展会议在《2001年世界投资报告》中提出利用外国直接投资指数（inward FDI index）来考察各经济体吸引外资的情况。其后,联合国贸易和发展会议在《2002年世界投资报告》中将该指数计算方法简化,重新命名为"利用外国直接投资绩效指数（inward FDI performance index）",同时提出了"利用外国直接投资潜力指数（inward FDI potential

欧盟成员国。英国已于2016年6月24日宣布脱欧公投结果,但根据欧盟条约第50条款,正式脱欧尚有2年的谈判协调期,因此这里仍展示28个欧盟成员国

index)",在以后各年份的投资报告中,联合国贸易和发展会议依然沿用了这两个指数(表16)。

表16 利用外国直接投资潜力指数指标体系结构表

序号	指标	含义	权重
1	人均GDP	国内需求的规模	1/12
2	过去10年的GDP增长率	预测经济增长趋势	1/12
3	出口额占GDP的比重	经济的开放度和竞争力	1/12
4	每千人拥有的固定和移动电话数	现代信息通讯设施建设情况	1/12
5	人均能源消耗	传统基础设施的利用率	1/12
6	研发支出占GDP的比重	国内技术创新能力	1/12
7	具有本科学历的人口占总人口的比重	高水平技术人才的可用性	1/12
8	国家风险	影响投资者风险预期的宏观经济因素	1/12
9	自然资源出口在世界市场中的份额	消耗资源型FDI的资源供给保证程度	1/12
10	汽车和电子产品零部件进口在世界市场中的份额	参与跨国公司生产一体化的程度	1/12
11	服务业出口在世界市场中的份额	服务部门FDI的重要性	1/12
12	吸引外资占世界外资存量比重	对FDI吸引力、吸收能力及投资环境	1/12

资料来源: The inward FDI potential index: methodology. http://unctad.org

2)科尔尼/外交政策全球化指数

美国科尔尼公司是国际著名管理咨询公司,《外交政策》为美国著名国际问题研究双月刊。2001年,科尔尼公司和《外交政策》杂志联合推出了"科尔尼/外交政策全球化指数"。该指数的指标体系包含经济融合、人际交往、技术联络和政治参与4个维度,每一维度下又包含若干个指标,共14个指标(表17)。

通过对这 14 个次级指标的统计数据进行处理,得到有关国家的全球化指数,运用该指数对 62 个国家和地区的全球化程度进行度量和排序。该指数采用主观赋权法确定权数,但由于指数的计算方法披露不完全,因此无法准确判定各个指标的权数。

表17 科尔尼/外交政策全球化指数结构表

一级指标	二级指标	含 义
经济融合	对外贸易	(商品和劳务的进口额+出口额)/GDP
	对外直接投资	(FDI流入量+流出量)/GDP
	证券组合投资	(证券投资组合收益的流入量+流出量)/GDP
	投资收益	(非居民雇员工资补偿+对外投资收益)/GDP
人际交往	国际旅行与旅游数	每百个居民离开或到达该国的次数
	国际电话使用率	人均打入和打出的国际电话的分钟数
	个人收益转移支付	个人收益转移支付包括不计算回报的侨汇、馈赠
技术联络	因特网用户数	因特网用户的绝对数占总人口的比重
	因特网主机数	人均因特网主机数
	安全服务器数	人均安全服务器数
政治参与	参与国际组织数	参与国际组织的绝对数
	维和行动中人力财力支出	(财力支出/GDP+人力支出/总人口)/2
	通过的多边国际条约数	通过的多边国际条约绝对数
	政府间的转移支付数	政府转移支付的借贷总和/GDP

资料来源:A. T. Kearney / Foreign Policy Globalization Index 2004.

3）世界市场研究中心的全球化指数

世界市场研究中心（world market research center，WMRC）是一家设在伦敦的私人研究机构，它于2001年8月首次发布全球化指数，即globalization index，简称G-Index。该指数包含"传统经济"和"新经济"两大类指标，"国际货物贸易"、"外国直接投资"、"净私人资本流动"、"服务产品出口"、"因特网主机数"和"国际长途电话使用率"等6个次级指标。世界市场研究中心采用主观赋权法确定各个指标的权数，通过计算加权算术平均值得到全球化指数，对185个国家和地区的全球化水平进行了量度和排序，其结构如表18所示。

表18 世界市场研究中心全球化指数变量及权数表

一级指标	二级指标	指标的计算	二级指标权数	一级指标权数
传统经济	国际货物贸易	货物进出口总额占GDP比重	50%	70%
	外国直接投资	外国直接投资占GDP比重	10%	
	净私人资本流动	私人资本流动额占GDP比重	10%	
新经济	服务产品出口	服务出口额占GDP比重	20%	30%
	因特网主机数	因特网主机数占GDP比重	5%	
	国际长途电话使用率	国际长途电话通话时间占GDP比重	5%	

资料来源：Randolph J. 2001. G-Index: globalization measured. London: World Markets Research Center.

（2）国内的评价体系

中国社会科学院世界经济与政治研究所的罗肇鸿（1995）在《世界经济全球化一体化与制度创新》一文中提出：衡量经济全球化的指标主要有贸易系数、生产要素的国内外流量、企业国际化程度以及有效保护率4类。其中："贸易系数"落实到某个国家时又可分为2种，从不同侧面反映该国参与全球化的程度，一种是一国进出口总额占世界进出口总额的比重，另一种是进出口总额占国民生产总值的比重，即一国的外贸依存度，它反映国内再生产过程中与国外资源、技术和市场的相互依赖程度；"生产要素"主要指的是资金、技术和劳动力，特

2000年中国金融国际论坛会场

别是对外直接投资以及贸易和投资这两个指标,是衡量经济全球化程度的最重要的指标;"企业国际化程度"指标包括跨国经营企业的数目、规模以及经营活动的领域和所处国际分工的地位等;"有效保护率"代表一系列贸易保护措施如进口数量限制、配额管理、外汇管制和关税补贴等综合作用的结果,它反映国内经济运行与国际经济活动在何种程度上进行连接。

在2000年中国金融国际论坛上,陈雨露在其论文《金融全球化的理论与政策》中认为,金融全球化最直接的作用对象就是国际资本的流动,从国际资本流动的角度出发,分析国际直接投资、汇率变动机制以及对国际资本流动的限制,就可以衡量一国金融全球化的程度。他认为,外国直接投资额占国内生产总值(GDP)的比重、抛补利差、储蓄投资相关系数、本国偏向这4个指标可以用来直接而有效地衡量一国金融全球化的程度。

胡鞍钢(2002)在《全球化挑战中国》一书中,构建了一个全球化指数。他认为,通常衡量各国经济开放及经济一体化的主要指标就是贸易类和资本类指标,但是伴随着新的信息技术发展和劳动力国际间流动的增加,就有必要从更广的范围对各国的经济一体化水平进行综合测度。他的"全球化指数"实际上是"经济全球化指数",该指数分为4大类,共8项指标(表19)。

三 雁田村全球化现象的理论和经验总结

胡鞍钢用这些指标对中国、美国、日本、英国、德国、法国、韩国、中国香港、新加坡、巴西、印度尼西亚、印度、泰国、马来西亚和菲律宾15个国家和地区1998年的全球化指数进行了计算，采用主观赋权法确定权数，得出了这15个国家的经济全球化水平。

表19 胡鞍钢的全球化指数表

一级指标	二级指标	权 数
贸 易	商品及服务进出口对GDP的比例	0.4
金 融	外国直接投资和国际证券资本等私人资本总流量对GDP的比例	0.4
人员联系	国际间包括侨汇收入在内的经常性转移收入对GDP的比重	0.1
	人均接待国际游客数量	
信息技术	上网人口比重	0.1
	人均因特网主机量	
	国际互联网站普及率	
	人均计算机拥有量	

资料来源：胡鞍钢. 2002. 全球化挑战中国. 北京大学出版社. 63-64.

此外，论文《量度经济全球化程度的指标体系》（刘玉玫，2003）和《经济全球化程度的量化研究》（刘玉玫等，2003）对衡量经济全球化的指标也作了比较深入的研究，研究者将经济全球化程度指标体系分为4类：生产一体化指标、投资全球化指标、贸易自由化指标和金融国际化指标，通过对一个经济体上述4方面的指标的综合分析得到其参与全球经济活动的总体量化结果（表20）。该研究运用主成分分析法得到中国、印度、日本、韩国、新加坡、美国、加拿大、巴西、墨西哥、英国、法国、德国、意大利、俄罗斯、澳大利亚和新西兰16个国家的综合评价函数，利用该函数对它们参与经济全球化的程度进行了量化排序，并对它们的综合评价结果进行了聚类分析。

表 20　刘玉玫经济全球化指标体系结构表

一级指标	二级指标
生产一体化	GDP 占全球 GDP 的比重
	货物贸易占货物 GDP 的比重
	国外分支机构占世界全部外国分支机构的比重
	本国发生的全部收益占 GNP 的比重
	本国发生的全部收益占世界发生的全部收益的比重
投资全球化	外国直接投资和接受外国直接投资总额占 GDP 的比重
	外国直接投资占国内投资总额的比重
	本国全部直接投资额占全球直接投资额的比重
	跨国并购额占全球跨国并购额的比重
贸易自由化	国际经济外向度
	对外贸易依存度
	货物和服务进出口总额占 GDP 的比重
金融国际化	国际金融总资本流量占 GDP 的比重
	对外金融资产负债总额占 GDP 的比重
	国际金融资本净流量占全球国际金融资本净流量的比重

资料来源：刘玉玫. 2003. 量度经济全球化程度的指标体系[J]. 中国统计，（12）：126.

6. 全球化的影响

（1）积极影响

1）全球化可使世界范围内的资本、劳动力、技术、产品、市场等进行有效合理的配置，在有效促进国际合作的同时也加剧了各国间的竞争。之所以促进了竞争，是因为在经济上世界资源的有限性和资本的扩张性；在政治上则是由于国家的存在，各国都试图通过增强自身的实力来实现别国对自己的依赖，从而较多地获取收益，较少地付出成本。同时，经济全球化加速了生产要素在全球范围内的自由流动，形成了统一的全球市场，从而推动跨国公司的全球化经营和全球产业结构的调整，并最大限度地实现资源的优化配置。从一国的角度看，本国企业将突破本国资源和本国市场的限制，在全球范围内寻求资源的最优配置与有效利用。发达国家可发挥其资金和技术优势，通过资本和技术的输出和转移不断向发展中国家开拓市场，并利用发展中国家丰富的资源和廉价的劳动力以获取利润。发展中国家则可通过吸收和引进发达国家的资金和技术来发展本国和本民族的经济，以满足人民的物质利益需求，逐步缩小与发达国家的差距。这种不同国家、不同地区的经济要素的有效组合客观上促进了全球社会生产力的发展，促进了发展中国家经济的发展，减少或避免了社会现有的各种资源的浪费。

2）全球化为发展中国家提供了一次抓住机遇和面对挑战的机会。首先，全球化有利于发展中国家利用外资和对外投资。2013年联合国贸易与发展会议发布的《2013年世界投资报告》指出，2012年，全球前20大外国投资接受国中有9个是发展中经济体。其中，有4个发展中经济体跻身世界5大投资接受地行列。最大对外直接投资国的全球排名也显示发展中国家和转型经济体的重要性持续上升。2012年，全球20大对外投资来源国中有7个是发展中国家，中国有史以来首次成为全

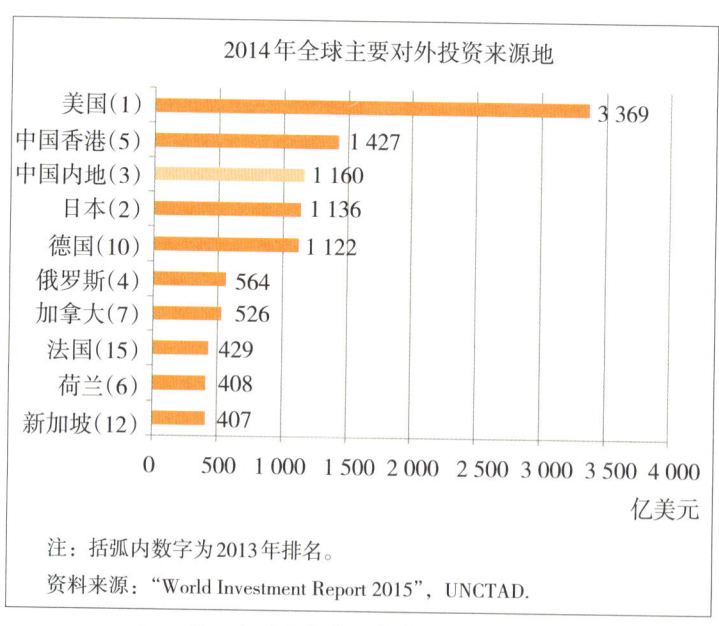

2014年全球主要对外投资来源地

国家（2013年排名）	亿美元
美国(1)	3 369
中国香港(5)	1 427
中国内地(3)	1 160
日本(2)	1 136
德国(10)	1 122
俄罗斯(4)	564
加拿大(7)	526
法国(15)	429
荷兰(6)	408
新加坡(12)	407

注：括弧内数字为2013年排名。
资料来源："World Investment Report 2015"，UNCTAD.

2014年，中国已成为全球第二大对外投资国

球第三大对外投资国,仅次于美国和日本。其次,全球化有利于促进发展中国家的出口商品结构优化。由于资本的流入、跨国公司的直接投资活动和本国产业结构的调整,发展中国家出口商品结构会被改善。第三,迫使发达国家帮助解决发展中国家面临的政治、经济和社会等问题。发达国家日益认识到在经济全球化下,它们的经济稳定和发展有赖于发展中国家。在债务问题、地区经济一体化和联合国的改革等问题上不得不考虑发展中国家的权益。在机遇与挑战面前,由于世界各国经济和技术发展的水平不同,因而导致它们在经济全球化中所处的地位和利益不可能均等。在这种弱肉强食、优胜劣汰的激烈的市场竞争中,发展中国家在许多方面必然处于劣势。但我们相信只要发展中国家能够抓住机遇,敢于迎接挑战,通过对国外先进技术的吸收和消化,并在此基础上进行技术创新,建立本民族的经济实体,积极参与国际竞争,生产出高质量、低价格的产品,就一定会在世界市场上占有一席之地。中国、印度、巴西、墨西哥等国就是最好的例子。更何况随着经济全球化的不断发展,世界

截至2014年末中国对缅甸直接投资存量为39亿美元

截至2014年末中国对美国直接投资存量为380亿美元

截至2014年末中国对俄罗斯直接投资存量为87亿美元

三 雁田村全球化现象的理论和经验总结

截至2014年末中国对英属维尔京群岛直接投资存量为493亿美元

截至2014年末中国对澳大利亚直接投资存量为238亿美元

经济一体化的各种规则、制度和秩序会逐步趋于平等，国际经济环境也会日益改善。

中国民族品牌走向世界

3）全球化会促进世界文化的发展和融合。全球化不仅会影响全球的经济结构和秩序，而且也对不同民族的文化带来了程度不同的冲击。文化的这种碰撞和冲击将导致全人类都能认同的文化大融合。其一，经济规律已有了全人类认同的标准。如市场经济的法则、商品流通的规则等已被普遍认可。其二，科学文化存在普遍性。现在不论发达国家还是发展中国家，为了生存和发展都在抓科学技术和教育。尽管各个民族国家之间的科学技术发展水平不平衡，但科学技术的交流已成为一种不可阻挡的潮流。其三，随着经济和科技文化的发展，各个民族国家之间的文学、艺术、哲学、宗教、风俗习惯的传播与交流更加容易，信息网络技术和交通运输技术已为这种交流提供了现代化的工具和手段。人们总会自觉不自觉地、程度不同地吸收这些外来文化，以填补本民族、本国在某些方面的不足。

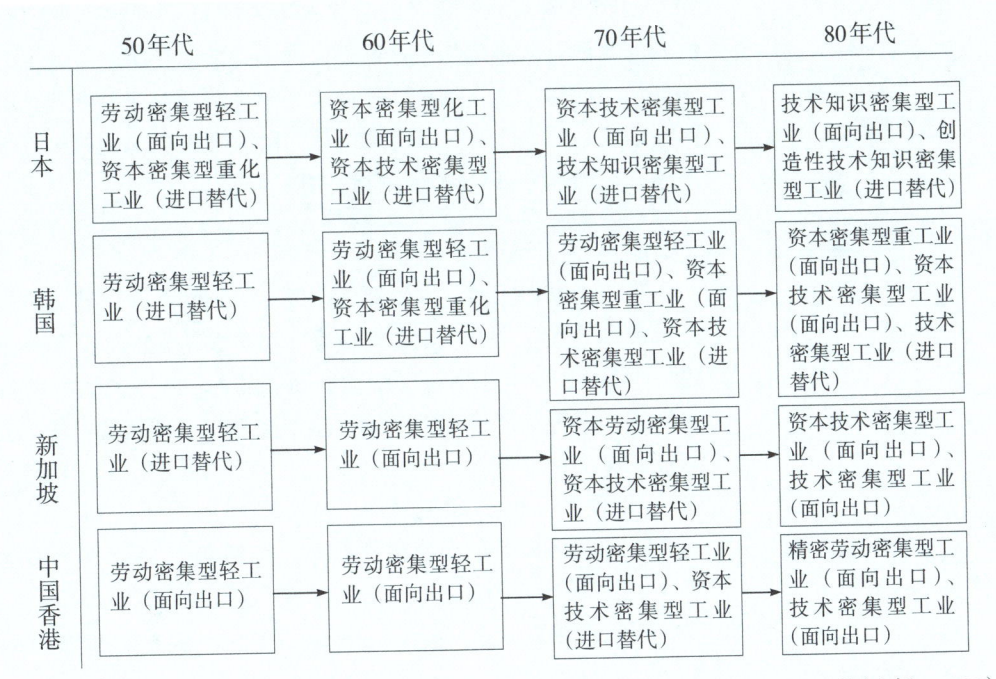

外国人学唱中国戏曲

	50年代	60年代	70年代	80年代
日本	劳动密集型轻工业（面向出口）、资本密集型重化工业（进口替代）	资本密集型化工业（面向出口）、资本技术密集型工业（进口替代）	资本技术密集型工业（面向出口）、技术知识密集型工业（进口替代）	技术知识密集型工业（面向出口）、创造性技术知识密集型工业（进口替代）
韩国	劳动密集型轻工业（进口替代）	劳动密集型轻工业（面向出口）、资本密集型重化工业（进口替代）	劳动密集型轻工业（面向出口）、资本密集型重工业（面向出口）、资本技术密集型工业（进口替代）	资本密集型重工业（面向出口）、资本技术密集型工业（面向出口）、技术密集型工业（进口替代）
新加坡	劳动密集型轻工业（进口替代）	劳动密集型轻工业（面向出口）	资本劳动密集型工业（面向出口）、资本技术密集型工业（进口替代）	资本技术密集型工业（面向出口）、技术密集型工业（面向出口）
中国香港	劳动密集型轻工业（面向出口）	劳动密集型轻工业（面向出口）	劳动密集型轻工业（面向出口）、资本技术密集型工业（进口替代）	精致劳动密集型工业（面向出口）、技术密集型工业（面向出口）

后发达国家及地区20世纪不同时期劳动密集型产业演进的过程和重点发展的工业（刘文娟，2007）

4）全球化加速技术转让和产业结构调整的进程。全球化带来了国际分工的大发展、产业的大转移和资本、技术等生产要素的大流动，这对于发展中国家弥补国内资本、技术等要素缺口，发挥后发优势，迅速实现产业演进、技术进步、制度创新、促进经济发展十分有利。在经济全球化过程中，投资和技术转让互相促进、不断加快。跨国公司为了延长技术的生命周期，扩大技术效用，以及给自己的技术寻找出路，大大加快了技术转让活动。这种加速转让在客观上有利于发展中国家的技术发展，有利于发展中国家加快产业结构的升级和工业化进程的加速，进而加快从传统经济向现代经济的转变。此外，经济全球化的加速发展还加快了发展中国家从发达国家引进外资的进程，有助于弥补发展中国家资本的不足。

5）经济全球化有利于减少国际冲突和稳定国际政治环境。在经济全球化过程中，世界上大多数国家都卷入了更深层次的国际分工体系，跨国公司的投资与技术转让活动又把各国的生产经营、销售和研究与开发活动更加紧密地联系在一起。由此产生的结果就是各国经济相互依赖、相互渗透的程度加深。而经济关系的变化必然引起政治领域和国际关系的变化，协商与对话越来越成为当今处理国际关系的主要手段。各国之间加强信任与合作，约束国际冲突或至少降低冲突的激烈程度已渐渐成为发展趋势。有理由相信，随着经济全球化的进一步发展，这种趋势将会越来越得到加强。

<u>案例1：金砖国家的崛起</u>

金砖国家即巴西、俄罗斯、印度、中国和南非，被认为是新兴市场的最主要代表力量。2003年10月高盛公司发表一份题为《与BRIC一起梦想的全球经济报告》，报告中认为，到2050年，世界经济格局将会经历剧烈洗牌。全球新的6大经济体将变成中国、美国、印度、日本、巴西和俄罗斯，由巴西（B）、俄罗斯（R）、印度（I）、中国（C）英文首字母组成的金砖四国（BRIC）的名字由此产生。2010年11月，二十国集团（G20）峰会在首尔举行，南非（S）在此次会议上申请加入金砖四国，由此，变为金砖五国（BRICS），又被称为金砖国家。

金砖国家国土面积	金砖国家人口总量	金砖国家经济总量	金砖国家贸易总额
26%	42%	20%	15%

巴西　　俄罗斯　　印度　　中国　　南非

金砖五国的全球化地位（2012）

"相较于全球化进程的最初推动者，近年来中国和印度在经济上的巨大发展，预示着一种地域意义上的'轮回'，俄罗斯经济的复苏和巴西、南非经济的增长预示着国际经济力量重心的移动"（鲍威尔等，2011）。中国和印度，作为金砖国家中最有实力的国家，分别凭借其技术和劳动力优势，已经成长为西方企业制造业和海外服务业最大的生产基地。这两国的快速发展正在改变着世界权力的均衡。

据统计，2010年，金砖国家对全球经济增长的贡献率达到50%以上，显然，金砖国家在全球经济大潮中已经成长为一支新生力量。5个金砖国家的国土面积占世界总面积的26%，人口占世界总人口的42%。2014年金砖国家在世界经济增量中的比例已经达到了60%（世界银行数据）。此外，金砖国家的国际声音也越来越引人注目，在国际金融体系改革、气候变化等全球治理的重大问题上，发挥着越来越重要的作用。这不仅为这5个国家带来利益，更能够调整全球力量格局，使国际秩序朝着更加均衡的方向发展。

对于5个金砖国家自身，其相互之间的合作也显得日益重要。在2013年3月27日金砖国家领导人第五次会晤时，习近平总书记强调："我们要继续增强五国政治互信和人民友谊，

三　雁田村全球化现象的理论和经验总结

加强治国理政经验交流，共同推动工业化、信息化、城镇化、农业现代化进程，把握发展规律，创新发展理念，破解发展难题。要继续加强在联合国、二十国集团、国际经济金融机构等框架内的协调和配合，维护共同利益。"因此，金砖国家的崛起得益于全球化，同时也反过来进一步推动了全球化的进程。

（2）消极影响

1）经济全球化加剧了世界经济的不平衡，使贫富差距拉大。经济全球化首先带来的是对发展中国家民族经济的冲击，而且这种冲击是建立在不平等关系基础之上的。一方面，国际经济组织如WTO、国际货币基金组织、世界银行等都掌握在发达国家手中，为世界经济运转所制定的各种原则、制度和秩序都是由它们制定的；另一方面，西方发达国家所拥有的经济、技术和管理优势是发展中国家远不可及的，因而经济全球化中获益最大的当然是社会生产力高度发展的发达国家。经济和技术相对落后的发展中国家尽管具有一定的中长期利益，但在近期或较长的时间内是很少或很难受益的，甚至可能受到很大的损害和冲击，如许多本土企业亏损或倒闭等。虽然经济全球化客观上能导致全球物质财富的增加，但在市场化的过程中竞争是首要法则，它在创造高效率的同时必然导致财富越来越向少数国家或利益集团集中，导致贫富差距的扩大。造成这种差距扩大的具体原因是多方面的，有制度的原因、市场发展的原因及结构变动的原因等，其中有两个因素是显而易见的。一个是经济全球化的利益分配不均衡。从理论上讲，所有参与全球化过程的国家在不同程度上都会从中收益，但绝不是利益均分。事实上，作为资本和先进技术的主要拥有者，发达国家总是处于全球化的中心地位，具有明显的竞争优势。这种地位使它们能依靠价格制定方面的主导权而在与发展中国家进行交换时获取更多的利益。二是市场竞争使一些社会政策面临挑战。众所周知，竞争是市场经济的动力，由竞争带来的不平衡要靠社会政策来修补。各个国家都有各自的福利政策，通过劳资妥协来保持社会稳定。但全球化破坏了这一

日化品牌土洋之争愈演愈烈

社会契约，以出口和直接投资为主要内容的激烈的跨国竞争正在影响工资和就业状况，社会政策在平抑差距方面显得苍白无力。经济全球化为以发达国家为主的国际资本开拓了寻求更高利润的空间，在发达国家和发展中国家经济实力相差悬殊的背景下，经济全球化使发达国家与发展中国家收入差距拉大。

2）经济全球化增加了世界经济不稳定性。经济全球化使各国经济同世界经济的联系更为密切，各国国内经济的稳定将不仅取决于本国国内因素，更大程度上要受到国际因素的巨大影响。随着国际贸易和服务贸易的不断扩大，其他国家尤其是主要贸易伙伴的经济状况，如通货膨胀、金融危机等将通过国际经济的传递机制影响到本国。如果本国的经济结构存在某些类似隐患，这些经济波动就不可避免地会在国内出现；即使本国经济不存在问题，也会因为心理因素的作用而使经济发生一定程度的波动，特别是对于发展中国家而言更是如此。这是因为经济全球化就是金融、贸易与投资的全球化，然而由于发展中国家市场发育不够充分，经济结构比较脆弱，更容易受到外

全球化加速发展的同时也造成了明显的贫富分化

三 雁田村全球化现象的理论和经验总结

1997年东南亚金融危机时的股票交易所

部不利因素的冲击，而且由于发展中国家立法不全，易于投机，再加上发展中国家执法不严，有法不依，从而给"国际游资"留下可乘之机。于是西方国家的大量游资不时冲击发展中国家的金融市场，甚至引发金融危机，造成如同战争般的破坏。经济全球化使发达国家的经济周期、汇率、利率的变动传导给发展中国家，使发展中国家的经济经常出现不利波动。发生在1994年底的墨西哥金融危机和1997年的东南亚金融危机已充分说明这一点。

　　3）现行的全球经济运行规则大多有利于发达国家，缺乏合理性。经济全球化的发展客观上需要用规则去加以规范、约束参与者的行为，而规则的制定是以实力为基础的。所谓规则其实就是对利益冲突的一种界定。在经济全球化进程中由于国际经济组织是由欧美等发达国家操纵，因此经济全球化的游戏规则主要由发达国家来制定。现存的国际经济规则中虽然有些规则考虑到发展中国家的利益，如WTO的规则，但大部分规则却是由发达国家主导制定的，有些规则还是在发展中国家缺席的情况下制定的。某些产业发展规则是在发展中国家还没有发展该产业的时候制定的，如信息技术产业协议以及劳工标准等。发展中国家一旦发展这些产业就必须遵守它们并未参与制定的规则，并为此而付出代价。此外，尽管发达国家极力倡导经济全球化和贸易自由化，但是各国政府为维护本国利益仍然实施各种贸易壁垒措施。尤其是非关税壁垒措施，如绿色壁垒、技术壁垒等，这些由发达国家有意制定的贸易标准往往都是发展中国家难以达到的。这些措施客观上阻碍着生产要素在各国间的自由流动，从而使市场导向机制受到很大程度的限制，发展中国家所应得到的机会与利益无从保障。因此，目前经济全球化给世界经济所带来的利益，可以说是建立在发展中国家经济利益及政治利益遭受损失的基础之上的。

4) 经济全球化可能导致发展中国家生态环境遭到破坏。例如日益蔓延的荒漠化、土地的侵蚀、动植物物种的灭绝、海洋与河流的污染等问题。其中发达国家往往出于本国战略利益的考虑，为了保护本国的生态环境不受污染而把大量的污染源工业都建立在海外，既消耗了他国的资源，还污染了他国的环境。

5) 经济全球化在带来某些经济利益的同时，也使发展中国家付出了其他经济代价。在经济全球化浪潮中，发展中国家由于在企业规模、效率、技术水平和研究开发能力方面都无法与发达国家相竞争，因而造成跨国公司的品牌和产品充斥国内市场，导致民族品牌消失。跨国公司操纵和控制了众多发展中国家的支柱产业和市场，抑制了民族工业的自主发展。发展中国家大量引进外资，造成国内通货膨胀压力增大，并面临汇率风险和偿债风险。对西方国家的巨额债务支付成为许多发展中国家经济发展的严重障碍，经常引发经济与社会动乱。全球化还会导致发展中国家人才外流，特别是熟练人才和高级技术人才。跨国公司往往在东道国用高薪雇用现成的人才，而不注意在当地实施培训计划，从而使发展中国家遭受教育经费支出和不能使用已培

失衡发展的不利后果

出国留学人数快速增长

三　雁田村全球化现象的理论和经验总结　｜　93

养人才的双重损失。

6）经济全球化对民族文化带来一定的冲击。也许有人说，这种现象符合百花齐放、百家争鸣的文化演进原则。但是，文化的形态是多种多样的，有商品文化、制度文化、价值文化、语言文化、科技文化、艺术文化等。随着经济全球化趋势的加快，妨碍资本、技术和产品跨国界流通的障碍一个接一个地被拆除，继之而来的是不同文化、不同价值观、不同生活方式和不同信念的流入。有些在相互冲突和撞击中形成了同质化，但某些价值文化、语言文化等遭到的文化入侵，会改变本民族的生活方式、价值观念和文化特性，从而造成无法估量的损失。因此，在全球化进程中坚守我们的民族文化，保持适当的差异性和独立性也是十分必要的。

案例2：世界各国贫富差距的扩大

全球化自从成为大家热门讨论的话题之后，有了很多截然不同的声音出现。其中最为核心的问题是全球化能否解决贫困问题。英国《金融时报》副主编、首席经济评论员 M.沃尔夫（2004）认为："通过市场整合在一起的世界，将会为世界上大

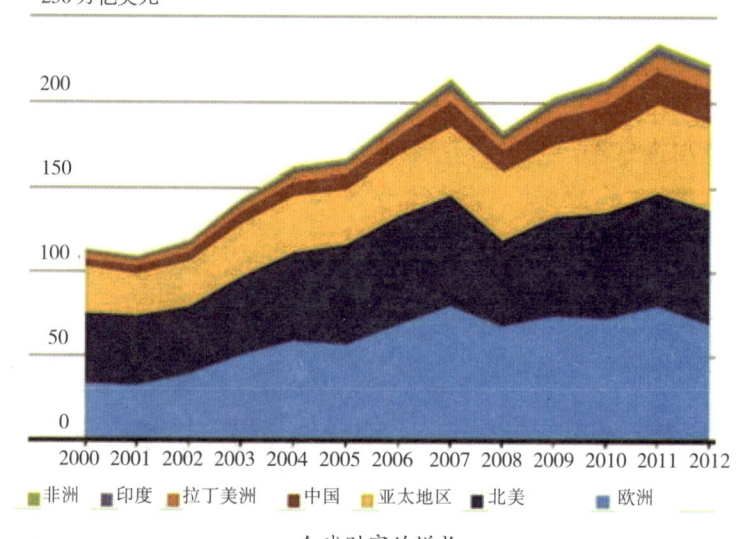

全球总财富：2000—2012年

全球财富的增长

资料来源：瑞士信贷银行2012年全球财富报告。

多数居民带来巨大的好处。"然而，全球化国际论坛认为："尽管一再强调全球化这股浪潮推动了所有的船，市民运动却发现，它只是推动了游艇。"意思是说全球化的过程中其实是加重了贫富差距的。

全球化是否使发展中国家与发达国家之间的贫富差距进一步扩大？下面，我们用一些数据来说明这一问题。

世界主要国家和地区的财富增长，从"全球财富的增长"图中可以很明显地看到，从2000—2012年，虽然各国总体的财富数值在2008年金融危机时有所下降，但总体的趋势近十年来是上升的，不过发达国家和发展中国家的财富差距也在拉大。

"全球财富的地理分布"一图，从地理上概括了2012年不同国家和地区的人均财富，显示出世界经济的差距仍然非常明显。

"世界主要国家和地区的财富增长"一图显示了最近12年来的财富增长曲线。可以看到，虽然中间都经历了一些起伏和波动，但总体趋势都在上升，而各地区财富的分配仍然是不平等的，存在较大的差距。

但是，我们能否这样反问：如果没有全球化，发展中国家与发达国家之间的贫富差距是否可能会变得更大？所以，片面

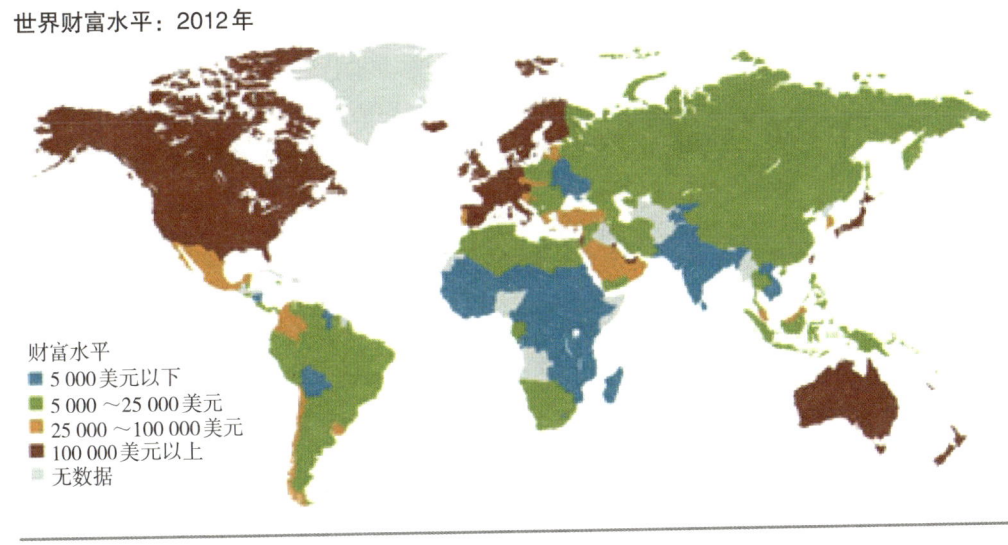

世界财富水平：2012年

财富水平
- 5 000美元以下
- 5 000～25 000美元
- 25 000～100 000美元
- 100 000美元以上
- 无数据

全球财富的地理分布
资料来源：瑞士信贷银行2012年全球财富报告。

分地区按固定汇率计算的2000-2012年总财富

100万亿美元，对数尺度

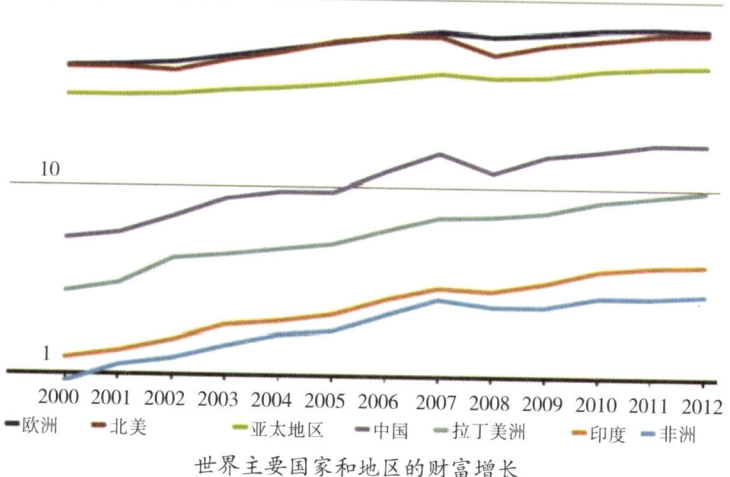

2000 2001 2002 2003 2004 2005 2006 2007 2008 2009 2010 2011 2012

■ 欧洲　■ 北美　■ 亚太地区　■ 中国　■ 拉丁美洲　■ 印度　■ 非洲

世界主要国家和地区的财富增长
资料来源：瑞士信贷银行2012年全球财富报告。

地说全球化是好的或是坏的都是不对的，要辩证地去分析，才能作出正确的判断。

（3）反全球化运动

鉴于全球化带来的负面作用，近年来，反全球化在世界各地逐步成为一种运动。1999年末，在美国西雅图举行了WTO部长会议。期间，数百个来自不同国家的非政府组织以及5万多名民间抗议者聚集会议地点举行了声势浩大的抗议游行活动，抗议WTO自成立4年以来所推行的自由贸易政策。这次抗议也作为一个标志性事件，被认为是"反全球化现象"的开始，媒体称之为"本世纪最大规模的激进政治反抗运动"。其实在这之前，就不断有反对全球化的运动在世界各地出现。早在1988年，一位名叫K.达纳赫的美国政治运动者就在旧金山建立了名为Global-Exchange的非政府组织，旨在保障人权，减少全球化过程中的不平等现象，推进环境的保护和地区文化多样性的保持。在1994年世界银行和国际货币基金组织成立50年之际，Global-Exchange联合来自发展中国家的非政府组织建立了一个名为"50 Years is Enough"的联合体，以表达它们对世界银行和国际货币基金组织的不满和反抗，认为这两个国际组织的存在严重侵害了第三世界国家的发展利益。

尽管我们给一切针对全球化的抗议活动贴上了一个"反全球化"的标签，但是这些活动的本质都不是反对全球化本身，而主要是反对全球化过程中出现的弊端，或者被扭曲了的全球化，例如"资本主义全球化"或者"殖民主义全球化"。一般而言，这些反抗活动有一个根本目标，就是反对资本主义的公司全球化（corporate globalization），主要是反对跨国公司和国际金融机构。反全球化者认为其存在践踏了人权，破坏了环境，剥削了工人，加剧了国际贫富差距。

反全球化运动

反全球化究竟反的是什么？时任联合国秘书长的安南在2000年4月发表的《我们人民：二十一世纪联合国的作用》（即《千年报告》）中称："很少有人、团体或政府反对全球化本身，他们反对的是全球化的悬殊差异。"具体表现在两个方面，一方面，全球化带来的福利高度集中于少数国家，而在这些国家内部，同样存在着全球化福利分配不均的情形；另一方面表现在全球市场规则不断推进的同时，相应的社会目标，如劳工标准、人权保障等却远远落后。这对于不发达国家和地区来说，加大了受到无法预测的伤害的可能性。1998年诺贝尔经济学奖得主A.森（2001）在其所著《有关全球化的十个问题》中提到："全球化的问题是利益分配是否公正；只要存在合作的利益，就较之不合作存在着许多可选择的有利于各方的安排。因此，必须弄清的是利益分配是否公正或者能被接受。"

考虑反全球化出现的深层原因，矛盾的存在仍然在于"富者"与"穷者"，民族主义者、反全球化者不断呼吁"全球化要有人性面"。A.森（2001）进一步指出："全球化的关键问题是不平等，全球化面临的主要挑战与不平等有关——国家之间以及国家内部的不平等。与全球化有关的不平等包括贫富差异，但也包括政治、社会和经济权利的严重不平等。一个决定

全球化间接带来的全球走私问题

性问题涉及贫国与富国之间、国家内部不同群体之间分享来自全球化的潜在利益。"并强调:"全球化的主要忧虑是不平等的程度,而不是其边际变化。"

反全球化不会阻碍全球化继续向前推进的客观现实,而是提醒我们全球化并没有看上去那么美丽,其中不合理、不公正的现象普遍存在。这有利于我们清醒、全面而又辩证地看待全球化。它时刻提醒着我们,"全球化是一把双刃剑",如何在效率与公平之间作出权衡与调整,克服其中的不利影响,这才是反全球化浪潮应该带给我们的启示。而也只有解决了这些问题,倾听来自各种角度的不同声音,全球化的发展才能具有真正的可持续性。

7. 中国的全球化进程

(1) 改革开放前

在清朝闭关锁国政策之前,中国历来是一个友好好客并积极与国外进行商贸往来和文化交流的国度。从丝绸之路到郑和下西洋,从鉴真东渡到马可·波罗访华,都是我国热情地与周边国家在经济、文化上互通有无、交流往来的历史事实。

古代丝绸之路

中国与世界其他国家的贸易往来历史悠久，并间接导致了全球化的萌芽。从西汉张骞出使西域（公元前140年）到欧洲的中世纪末期（14世纪末），中国就一直与西方进行通商，借由输出丝绸和茶叶来赚取大量外汇，这条通商道路就是我们所称的"丝绸之路"。然而，在15世纪，奥斯曼帝国崛起，欧洲与中国的通商贸易受阻。为了能够躲开土耳其的限制，西欧各国纷纷进行海上探险寻找新丝路，这在世界历史上被称为地理大发现。由于地理大发现改变了世界各大洲相互分割的状态，使世界各国的经济联系日益密切，同时使科学和技术取得了长足的进步，因此被公认为是世界全球化的开端。

中华人民共和国成立后，周恩来总理领导下的我国外交活动，例如万隆会议、尼克松访华、中美建交、中日建交，等等，也都促进了中国与世界的沟通往来。但是，几千年的封建制度和意识形态、经济体制上的差异，使得这种全球化的进程仅停留在国家政治层面或文化层面上，没能在其他方面尤其是经济交往方面进一步地突破。

（2）改革开放后

中国人口多，经济规模大。直至1978年，60%的中国人仍生活在贫困之中。此时，中国领导人果断地决定进行改革开放。中国的经济蓬勃发展，融入世界。全球化大趋势与中国的改革开放，二者相辅相成。中国在对的时机作了对的决定，不仅为自己的发展谋到了一条很好的出路，更为世界经济开辟了新市场，也赢得了辉煌的成功。

经济全球化同中国的改革开放一起作用于中国，引起了外商的对华投资热。中国的改革开放，影响和改变了中国在世界贸易中的比较优势，其中外商投资起了积极作用。外国投资不仅引进了新技术、新产品和新市场，也引入了新的机制和新的管理方法。中国选择加入自由贸易、降低关税，发达国家的资本家们开始了对华的投资计划。

外商对华投资按程度分成这样两个阶段。从改革开放初期到20世纪90年代初，外商对中国的直接投资还是处于一种观望和试探的阶段。投资项目多为一些劳动密集型的加工业，外商获利的同时，中国就业问题也得以缓解；1992年之后，一些大型的跨国公司开始将对华投资项目从短期改为长期。改革开放以来，中国的经济实力大大增强，国民生产总值和人民生活水平迅速提高，日用消费品和耐用消费品市场及各种资本货物市场迅速扩大，中国已由一个潜在的市场发展成为一个现实的大市场了。

跨国公司大举对华投资，给中国带来了很大的积极影响。巨额资金的投入缓解了国内重大项目资金短缺的压力，促成一批重点工程开工建设，分担了投资风险。同时，著名跨国公司掌握着本行业世界最先进的技术，它们的投资转让了一批技术、工艺和设备，填补了中国国内的空白。通过技术转让，中国开发新技术的能力得到了加强，一批具有国际竞争力的中国

耸立在深圳深南大道旁的改革开放奠基人邓小平画像

企业在合作中成长起来。跨国公司的投资大多是资本密集型和技术密集型产业，从而使中国一些重要产业在短时间内跨越了发达国家经历过的传统过程。由于推行经营当地化战略，技术开发按当地需求为主，零部件生产当地化，这些对中方雇员进行工艺技术和企业经营管理各个方面的培训，为中国培养造就了一批现代管理人员和技术工人。

（3）中国的对外开放政策

"对外开放具有重要意义，任何一个国家要发展，孤立起来，闭关自守，是不可能的，不加强国际交往，不引进发达国家的先进经验、先进科学技术和资金，是不可能的。"（邓小平，1993）高度集中的计划经济体制需要改革，闭关自守的对外政策也需要改变，否则中国的发展就会受到很大的限制。把对外开放作为与改革相并列的一项基本国策，也是建设中国特色社会主义的一个重要途径和保障。1980年6月，邓小平同志在一次接见外宾时，第一次以"对外开放"作为我国对外经济政策公之于世。他说："我国在国际上实行开放的政策，加强国际往来，特别注意吸收发达国家的经验、技术包括吸收国外资金来帮助我们发展。"1981年11月召开的五届人大四次会议上的政府工作报告，又进一步明确指出："实行对外开放政策，加强国际经济技术交流，是我们坚定不移的方针。"1982年12月，对外开放政策被正式写入我国宪法。

改革开放使我国政治、经济、文化和社会等各个方面出现了翻天覆地的变化。全球化在中国的发展和表现形式，从中国对外开放的发展历程中是可以窥见一斑的。

外资不再单纯看重中国廉价劳动力，更多是挖掘中国的消费市场

2014年7月在京举办的"西门子工业论坛"描绘了"工业4.0"路线图。图为与会嘉宾在西门子先进技术展示区进行技术交流

1）经济特区的建立和出口加工业的发展

1979年4月，中央召开工作会议，专门讨论经济建设问题。当时广东省委领导人习仲勋在汇报工作时提出，希望中央下放一定的权力，允许广东有一定的自主权，在毗邻港澳的深圳、珠海、汕头举办出口加工业。邓小平同志听后十分赞同，并向中央提议批准广东的这一要求。在讨论如何扩大对外贸易的过程中，到会的许多负责同志认为，可以在广东的深圳、珠海、汕头以及福建的厦门试办出口特区，发展出口商品生产，这个建议被写入了会议的有关文件中。

经过各方面的充分讨论和准备，同年7月，中共中央、国务院批转了广东和福建两省分别提出的关于对外经济活动实行特殊政策和灵活措施的两个报告，同时批准在深圳、珠海、汕头以及福建的厦门试办出口特区。根据半年多筹办特区的工作实践，中央进一步明确，在特区发展中不但要办出口加工业，也要办商业和旅游业，不但要拓展出口贸易，还要在全国经济生活中发挥多方面的作用：如发挥技术的窗口、管理的窗口、知识的窗口和对外政策的窗口以及"开放的基地"。这样1980年3月将"出口特区"改为内涵更为丰富的"经济特区"。由于深圳、珠海、汕头以及厦门4个特区在很短的时间里取得了很大的成就，国家决定扩大经济特区的规模和范围，1988年4月13日，第七届全国人民代表大会第一次会议审议通过了国务院提出的议案，决定海南建省并建立海南经济特区，这是我国的又一个经济特区。

深圳经济特区于1980年8月正式成立

厦门是全国首批4个经济特区之一

2）开放14个沿海城市和兴办多个经济技术开发区

经济特区在短时间内取得突破性进展和巨大成就极大地鼓舞了全国各族人民，也进一步坚定了我国扩大对外开放的信心。1984年2月，邓小平同志视察特区后指出："除现在的特区外，可以考虑再开放几个港口城市……这些地方不叫特区，但可以实行特区的某些政策。"

1984年4月，根据邓小平同志的建议，党中央、国务院研究决定将对外开放的范围由特区扩大至沿海其他一些城市。这次开放的城市共有14个，它们分别是：大连、秦皇岛、天津、烟台、青岛、连云港、南通、上海、宁波、温州、福州、广州、湛江和北海。当年9月，国务院首先批准了东北重镇大连市兴办经济技术开发区。从这时起到1985年1月，在逐渐审批沿海开放城市的实施方案中陆续批准了秦皇岛、烟台、青岛、宁波、湛江、天津、连云港、南通、福州、广州等10个城市举办经济技术开发区，给予它们和沿海经济特区类似的优惠政策。1986年8月，国务院批准设立上海闵行经济技术开发区和虹桥经济技术开发区，1988年又批准了上海市举办以发展高新技术为主的漕河泾经济技术开发区。这样我国的经济技术开发区已经达14个。

1992年邓小平同志的南方谈话科学地总结了党的十一届三中全会以来的基本经验，鲜明地回答了困扰和束缚人们思想的姓"资"姓"社"等许多重大问题。同年召开的党的十四大对建设有中国特色的社会主义理论进行了科学的概括。理论上的创新推动了人们思想的解放，我国的对外开放又迈出了很大步伐。1992年，国务院先后批准举办温州开发区、昆山开发区、威海开发区、福清融侨开发区；1993年国务院批准了东山开发区、武汉开发区、长春开发区、哈尔滨开发区、沈阳开发区、杭州开发区、芜

广州是国务院批准的全国第一批对外开放城市之一

三　雁田村全球化现象的理论和经验总结

湖开发区、重庆开发区、萧山开发区、惠州大亚湾开发区、广州南沙开发区；1994年8月国务院批准北京、乌鲁木齐两个开发区。至此国务院已经批准的经济技术开发区总共达32个。

3）开放和开发浦东

在经济特区和经济技术开发区建设如火如荼进行之际，具有得天独厚位置的上海的开放也被提到议事日程。实际上开发浦东和开放上海的设想酝酿已久。1980年前后，上海和北京的许多有识之士就提出了开发浦东的各种设想。之后，上海市委和市政府的几届领导曾经反复研究浦东开发的大政方针，并组织专家进行了详细的考察和论证。1984年，上海市人民政府在向国务院上报的关于《上海经济发展战略汇报纲要》的报告中首次正式提出了开发浦东的问题。国务院在1985年2月的批复中明确指出要创造条件开发浦东，筹划新市区的建设。1986年10月，国务院在《上海市城市总体规划方案》的批复中提出："当前特别要注意有计划地建设和改造浦东新区，使浦东成为现代化的新区。"为了落实国务院的两次批示，上海市人民政府于1987年7月成立了开发浦东咨询小组。1990年2月26日，中共上海市委和上海市人民政府正式向党中央、国务院提出了《关于开发开放浦东的请示》。同年3月邓小平同志同几位中央负责同志谈话时指出，中国的关键就是看能不能争取较快的增长速度，实现我们的发展战略，并提出了"抓上海"的战略构想："上海是我们的王牌，把上海市搞起来是一条捷径"，之后的3月底到4月初，时任国务院副总理的姚依林同志受党中央、国务院的委托带领有关部门的负责同志到上海市，对开发浦东进行专项调查研究。4月15日到18日，当时的国务院总理李鹏到上海市视察工作，并于18日正式宣布开发开放浦东。1990年6月，国务院下发《关于开发和开放浦东问题的批复》，在批复中指出："开发和开放浦东是深化改

上海市浦东新区
（Wei Liexiong 摄）

革、进一步实行对外开放的重大部署……是一件关系全局的大事，一定要切实办好。"1992年10月，时任中共中央总书记的江泽民同志在党的第十四次全国人民代表大会上提出，要以上海浦东开发开放为龙头，进一步开放长江沿岸城市，尽快把上海建成国际经济、金融、贸易中心之一，以此带动长江三角洲和整个长江流域的新飞跃。

浦东的开发和开放极大地促进了浦东和上海市经济的发展，目前上海已经成为国际上较为知名的国际金融中心，并由此带动了上海市和整个长江流域的发展。

4）内地开放

随着改革开放的不断深入以及开放所带来的巨大效应，党中央、国务院决定进一步地扩大对外开放：一是从1990年起先后在上海浦东新区的外高桥和天津港等地设立了15个保税区。保税区是我国改革开放过程中出现的新生事物，是我国借鉴国际上通行自由贸易区的做法，并在结合我国国情的基础上形成的经济开放区域。在此区域内，从境外运入的货物就其关税和其他关税而言被视作境外，免于海关监管，并给予该区域特殊的关税和优惠政策。我国建设和发展保税区的根本目的就是要形成良好的投资环境，利用保税区内海关保税的独特条件发展对外经济。到1996年，我国已经设立了15个保税区，它

天津保税区

宁波保税区

青岛保税区

们分别是上海浦东新区的外高桥保税区、天津港保税区、深圳沙头角保税区、深圳福田保税区、大连保税区、广州保税区、张家港保税区、海口保税区、厦门象屿保税区、福州保税区、宁波保税区、青岛保税区、汕头保税区、深圳盐田港保税区、珠海保税区等。二是开放长江的芜湖、九江等6个城市和设立长江三峡经济开放区。三是开放珲春等13个陆地边境城市。四是开放内陆所有的省会、自治区首府城市，给予这些地方和经济技术开发区一样的优惠政策。这样，在我国就形成了沿海、沿江、沿边及东西南北中多层次、多渠道、全方位的对外开放局面，使我国的对外开放进入了一个新的更高的阶段。至此，我国对外开放形成"经济特区—沿海港口城市—经济技术开发区—沿海经济开放区—再到内地"这样一个多层次、有重点、点面结合的对外开放格局。

5）全面对外开放

经过艰难谈判，我国于2001年12月11日正式成为WTO成员，这标志着我国对外开放进入一个崭新的阶段。我国开始由以前有限范围和有限领域内的开放，转变为全方位的开放；由以试点为特征的政策主导下的开放，转变为法律框架下可预见的开放；由单方面为主的自我开放，转变为与WTO成员之间的相互开放。这一时期我国对外开放的主要特点是：由地域的全方位开放走向产业的全方位开放；生产和资本国际化程度进一步提高；金融市场与世界市场的一体化程度大幅度提高；我国的规章制度进一步规范化并逐渐与国际接轨。

经济方面，加入WTO后，商品进出口、外国直接投资和我国对外投资逐渐增加，跨国公司逐渐进入内地市场，金融市场开放程度大幅提高。此后，上海合作组织，中国-东盟自由贸易区的成立也加速了中国全球化的步伐。我们相信，未来在"一带一路"战略和亚洲基础设施投资银行的引领下，我国一定会达成"建设高水平、全方位的对外开放格局"和构建"开放型经济新体制"的目标。

（4）全球化对中国的影响

1）正面影响

自从1978年中国改革开放以来，中国经济保持了30年的高速增长。外向型经济政策帮助中国完成了从计划经济到市场经济的平稳过渡。从1978—2010年，中国的年均实际GDP增长率为10%。2010年，中国成为世界第二大经济体，GDP占世界总量的9.5%，是世界上最大的出口国、第二大进口国。自从加入WTO以来，中国通过一些关税以及贸易政策的改变，加强了与世界市场的联系。最直接的变化是国外投资的增加，使中国的经济增长模式逐步演变为投资导向型和产业带动型。2001—2010年，我国的出口从世界第六的2 661.5亿美元增长到世界第一的15 579亿美元，进口从世界第六的2 436.1亿美元，增长到世界第二的13 948亿美元，仅次于美国。中国的对外直接投资从2003年世界第十二位的29亿美元增长到2010年世界第五的680亿美元。在进出口贸易和对外投资的拉动促

商务部预计中国服务进出口总额到2020年将突破1万亿美元

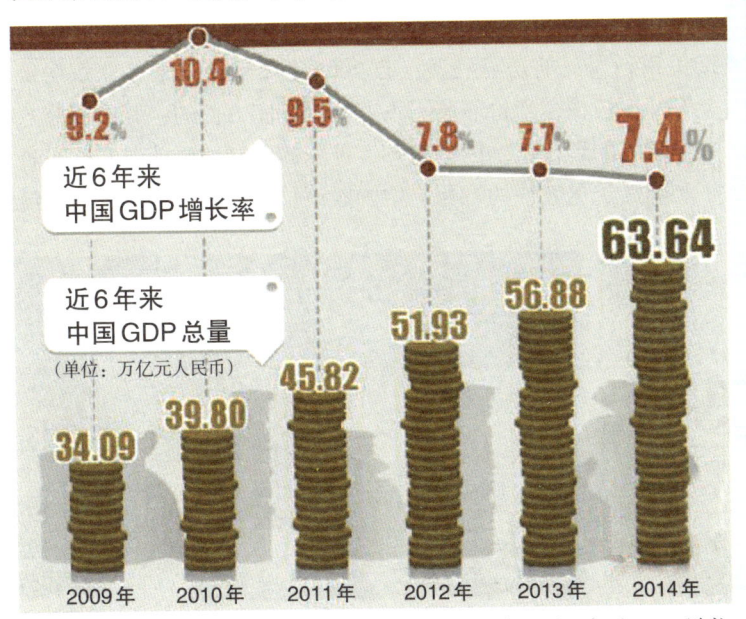

中国近6年的GDP增长

下，中国的GDP从2001年世界排名第六位的11 590亿美元，增长为2010年世界排名第二位的58 786亿美元；人均GDP也从2001年的1 020美元，快速提高到2010年的4 382美元（中华人民共和国国家统计局，2011）。这些重要的变化使得我国经济与国际经济的相互依赖显著加深，同时我国与周边国家的经济联系达到前所未有的水平，已经成为日本、韩国等多个周边邻国的第一大贸易伙伴。

2）负面影响

过去的20年，经济全球化在发展中呈现了如下特点。第一，发达国家的简单制造工业逐步完成了向发展中国家的转移；第二，发达国家的高科技产品中的零部件生产已经逐步向发展中国家转移。特别是中国，已然成为全球公认的世界工厂、制造大国。第一种转移中的制造工业是指技术含量比较低、资源消耗大、带来环境污染的工业，例如服装加工、造纸业等。这些给中国创造GDP、解决就业的同时，带来了很多的负面效应，最主要的就是环境的破坏和资源的消耗。第二种转移中，中国吸收高科技产品背后的技术不是太多，含量也不是太高，所从事的实际还是劳动密集型产品的作业生产，产品附加值很低。

此外，来自国际上的金融风险也不容忽视，这种影响直接关系到人民的切身利益。自2008年奥运会以来，北京房价上升速度极快。房价居高不下的原因是多方面的，其中国际热钱和游资的炒作就是因素之一。外资的逐利性驱使着它们投资于利润高、见效快的行业。中国股市长久以来的熊市、实体经

劳动密集型为主的东莞制造业（邹毅 摄）　　房地产是全球化加剧投资风险比较明显的一个行业

济逐渐下滑，使得外资开始大规模转向投资中国蓬勃兴起的房地产业。由于一线城市较高的升值预期，二三线城市地方财政的压力，使得房地产业在中国遍地开花。外资的蜂拥而至加剧了房地产泡沫破灭的风险。利用这种方式，外商可以将自己的虚拟资本兑换成现实资本，最终套现离开中国，这更加剧了泡沫破灭时的资金流通风险。房地产只是一个比较明显的行业，其他很多行业都存在着全球化加剧投资风险的情况。因此，我们要清楚地意识到经济全球化和对外开放带给我国经济的风险，尤其是广泛存在的金融和汇率风险。

8. 全球化的发展方向

（1）全球化的发展方向

全球化是不可阻挡的历史潮流，是生产力发展的内在要求。全球化使各国在经济发展中的相互依存日益增强。尽管金融危机导致世界经济陷入低速增长，全球化在局部领域陷入调整，但并未改变其深入发展的总体走势。在应对危机和促进复苏的进程中，依托国际化生产、对外贸易和服务、资本跨境流动和技术创新，各国加大力度开拓国际市场、进行全球资源配置，经济联系更加紧密，利益交融不断加深。

首先，跨国公司越来越成为推动全球化的重要力量。近年来，跨国公司在全球经济中占据了更加重要的地位。由于日益重视拓展海外业务，跨国公司国际化生产近年来呈总体上升趋势。根据联合国贸易和发展会议的年度调查，2011年全球100家最大跨国公司的海外销售收入和雇员人数的增速都明显高于母公司的业绩增长。从衡量国际化水平的跨国指数看，全球非金融类企业中，前100强的跨国指数不断提升，从1993年的47.2%上升至2011年的62.3%。

其次，促进全球化的技术创新性突破显著增多。经济危机之后往往是新技术革命的孕育期和创新活动的爆发期。近几年，各国加大研发投入，纷纷推出新兴产业发展规划。尽管新兴产业的前景尚不明朗、技术创新的产业化还有相当长的路要走，但以信息技术深入发展和应用、新材料和新能源开发为特点的新一轮技术创新不断取得突破，将为全球经济增长注入新

新能源产业是国家重点发展的战略性产业

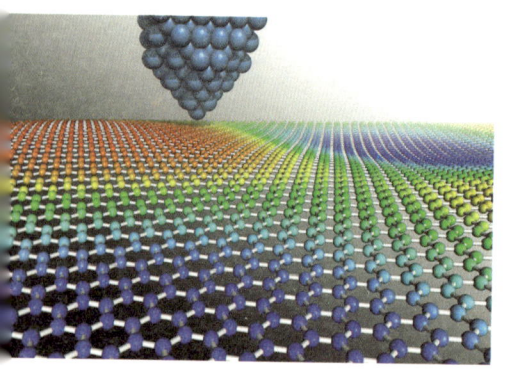

新材料具有广泛的用途

的活力，有助于各国加快结构调整和增长方式的转变。与此同时，气候变化、环境保护、资源短缺、粮食安全、大宗商品价格走势和人口老龄化等全球性议题显著增加，成为影响各国经济可持续发展的重要因素，也促使各国深切地意识到，只有通过加强国际合作才能解决全球面临的问题，满足共同的利益需求。

再次，新兴市场国家成为推动全球化的新动力。长期以来，发达国家是推动世界经济的重要引擎。东南亚金融危机后，新兴经济体经济增速明显高于发达经济体，使实力对比和国际经济格局发生显著变化。根据世界银行的数据，从经济总量看，2000—2011年，代表发达国家的七国集团（G7）在全球的比重从66%下降到48%；从贸易和投资额看，七国集团占全球进口的比重从近50%降至37%，而发展中国家占全球制成品出口的比重已升至40.4%；2012年，全球跨境投资降至1.3万亿美元，但发展中国家吸收的外国直接投资达6 800亿美元，首次超过发达国家，在全球对外投资和跨国并购中的份额分别达23%和37%。

但是，我们也应该看到，随着国际竞争进一步加剧，经济联系日益紧密，危机容易向全球快速扩散。全球经济已成为一个紧密联系的整体，任何局部问题都容易通过全球货币体系、银行体系、大宗商品市场、外汇市场等将影响传播至整个世界。目前我国面临的外部需求减弱、结构调整压力加大、金融市场动荡、失业率高企等问题，在很大程度上是受外部经济因素影响的。未来世界范围内的全球化进程主要面临的挑战有以下几点：

一是对资源、市场和资金的竞争加剧。危机后主要发达国家纷纷提出再制造业化、出口倍增等战略，新兴经济体也更加看重开拓国际市场和吸引跨境投资。未来几年，新兴经济体消费增长尚难以弥补发达国家低速增长导致的国际市场需求疲弱，在全球范围内对资源、市场和资金的竞争将日益加剧。

二是对技术创新和引领新兴产业的竞争加剧。为把握新技术革命的发展方向,以利在全球经济结构调整和下一轮经济上升阶段占据主导优势,危机后出现各国政府出台激励政策和措施的高峰,抢占全球技术创新与新兴产业制高点的竞争不断加剧,新兴经济体也不例外。《2016年技术贸易发展报告》给出了全球技术产业的5大趋势预测,趋势之一是:虽然发达国家科技创新仍然领先,但优势正在逐渐减小,全球科技创新版图已呈现东移趋势。中国、印度等新兴经济体成为科技创新的活跃地带。未来20~30年内,北美、东亚、欧盟3个世界科技中心将鼎足而立,主导全球创新格局(缪琦,2016)。

三是对利益分配和规则制定的竞争加剧。随着全球经济日益融合和国际化生产的不断发展,各国不仅关心各自在全球分工中的地位,也更加关心全球利益分配格局。例如,WTO、经济合作与发展组织、亚洲开发银行等国际组织和一些国家积极研究以增加值为基础的国际贸易统计方法,以更加全面、清晰地反映各国在全球价值链中的地位和国际贸易中的收益。规则

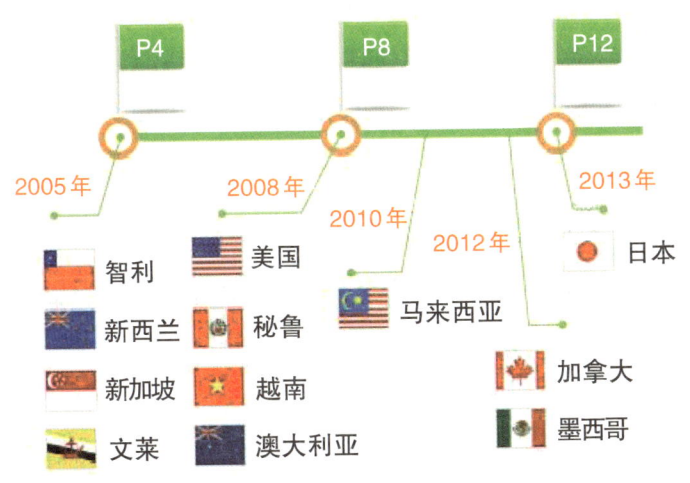

跨太平洋伙伴关系协议(TPP)成员国

制定决定全球利益分配的重要内容，各方围绕制定国际经贸规则的纷争不断。一方面新兴经济体和发展中国家强烈呼吁参与规则制定和全球治理的公平权利，如在全球性组织或区域集团中争取更大话语权以反映其发展诉求。另一方面，在多哈谈判陷入僵局时，发达国家采取多种手段力求巩固其规则制定者地位，如美国力推跨太平洋伙伴关系协议（TPP），希望以国内法为模板塑造高标准的区域贸易投资自由化规则并向全球推广；欧盟重新修订贸易防御体系，倡导绿色经济和碳排放交易规则等。这些都反映出全球化进程继续向前推进面临了诸多挑战。

（2）未来全球化对中国可能产生的影响

1）促进科技水平的发展与赶超

全球化使科学技术的发展发生了根本性变化：一是科技进展主要集中在互联网、电子产品、生物医药、航天等少数领域；二是科学技术的更新率非常快；三是技术的保密性降低，共享性增加。这些特点都和全球化密不可分，这也为广大发展中国家，尤其是中国这样的大国实现跨越式发展提供了条件。

2）促进经济结构的调整和完善

中国的国内市场规模很大，有长远的开发潜力；基础设施条件较好，运输成本低；劳动力规模庞大，城镇化进程使得大量农村剩余劳动力转移到城市制造业和服务业中。因此，我国从传统农业国转变为工业国的过程中，很大程度上受益于发达国家的制造业转移。正是在"引进来"的过程中，建立了良好的制造业基础，我们在调整经济结构时才有底气和实力"走出去"，从产业链低端走向高端，即从"微笑曲线"底部的加工、组装、制造走向产业链上游的研发、材料、采购、设计和下游的品牌、渠道、物流、金融，最终从以农业和制造业为主的经济结构走向以服务业为主的经济结构。

3）促进文化交流和制度建设

尽管东西方文化大相径庭，但文化的交流和融合是大势所趋，经济的全球化在促进文化交流的同时，反过来也会促进经济的进一步全球化和各国经济的发展。我国的制度和文化并不与全球化和国际化的要求相矛盾，且具有很强的包容性特征，我们的制度与文化建设也会表现出更强的国际性和时代性。

所以，未来全球化对我们所带来的影响是正面大于负面、

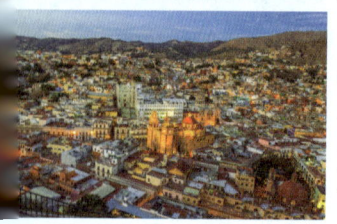

新兴市场国家除中国等金砖国家外，还有印度尼西亚、尼日利亚、土耳其和墨西哥等。上图依序为印度尼西亚、尼日利亚、土耳其、墨西哥一景

附加价值

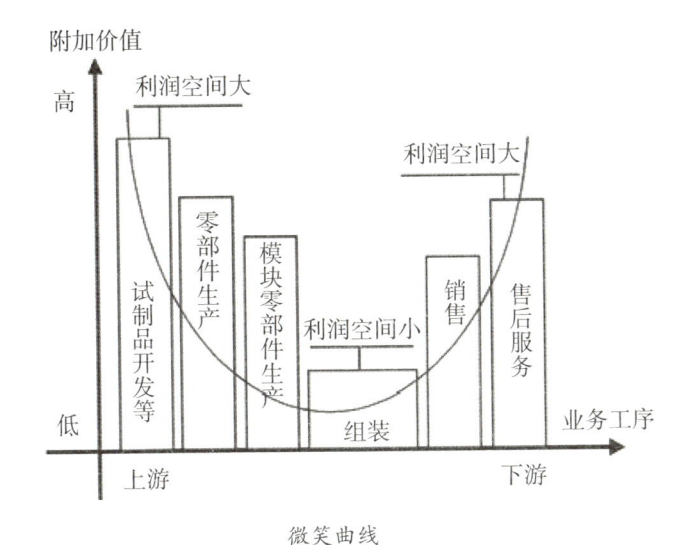

利润空间大

利润空间大

高

零部件生产

模块零部件生产

试制品开发等

利润空间小

销售

售后服务

低

组装

业务工序

上游　　　　　　　下游

微笑曲线

积极大于消极的。但是，这并不意味着全球化的成果会唾手可得。相反，全球化是一个十分复杂的过程，它也会同时给我们带来一系列的挑战与问题。特别是在我国处于体制转型期，这方面的改革需要循序渐进，不能急功近利，否则在未来全球化进程中，容易遭受来自国外或国际经济形势的不利影响。

（二）国际产业分工与雁田村的发展

1. 国际产业分工与中国制造业发展

在研究雁田村的转型之前，我们首先应了解"世界工厂"究竟由何而来，以及全球化下"世界工厂"新的内涵。此外，中国在当前国际分工体系中究竟处于何种地位，究竟应成为怎样意义上的"世界工厂"，以及中国应如何主动融入全球化的生产体系，这些将是本节和下一节探讨的主要内容。

（1）"世界工厂"的内涵

随着中国经济的迅猛发展，国际投资纷纷涌向中国。从纺织业、汽车制造业，到高科技的电子产品生产，跨国公司纷纷把自己的生产基地从美国、日本和中国台湾地区，乃至印尼、泰国、马来西亚移往中国大陆。2001年，日本通产省发表的白皮书首次提出"中国已成为'世界的工厂'"。更有人将这一发展比做100多年前"世界工厂"从英国转移到美国所引起的世界经济的重组，认为这是中国在未来赶上美国的转折点。与"世界工厂"（the factory of the world）相关的另一个词是"世界工场"（the workshop of the world，或译为"世界车间"）。回顾历史，工业革命时期，英格兰西北部的兰开夏郡被誉为"世界工场"，继而英国成为公认的"世界工场"。这是相对于当时普遍的"世界农业"而称的。随着工业化在全球的推进，"世界农业"已不复存在，"世界工场"的意义已被"世界工厂"逐渐取代，在谈到后来的美、日时，我们更多地称其为"世界工厂"或称之为"世界经济增长的重心"。从18世纪30年代第一次产业革命起，英国诞生了纺纱机、多轴纺纱机、蒸汽机等一系列重大技术发明。随着英国的机器传入欧洲大陆并与当地的诸多技术革新结合，法、德乃至远在大西洋彼岸的美国也相继掀起了产业革命高潮。到1860年前后，英国工业发展达到鼎盛期，国内外贸易迅速扩大，成为举世闻名的"世界工场"和最大的殖民帝国。进入20世纪，全球性制造中心日渐移至美国。随着T型福特汽车、电除尘器、电冰箱、空调等民用产品相继面世，美国在第一次世界大战后成为世界上最重要的汽车、家电生产国。二战后，日本从战争废墟上开始经济复兴，

英格兰兰开夏郡是英国工业革命的发源地。图为旧时兰开夏郡布莱克浦市一景

在20世纪60年代实现了重化学工业化。到70和80年代,"日本制造"风靡世界,"世界工厂"的桂冠转到了日本头上。

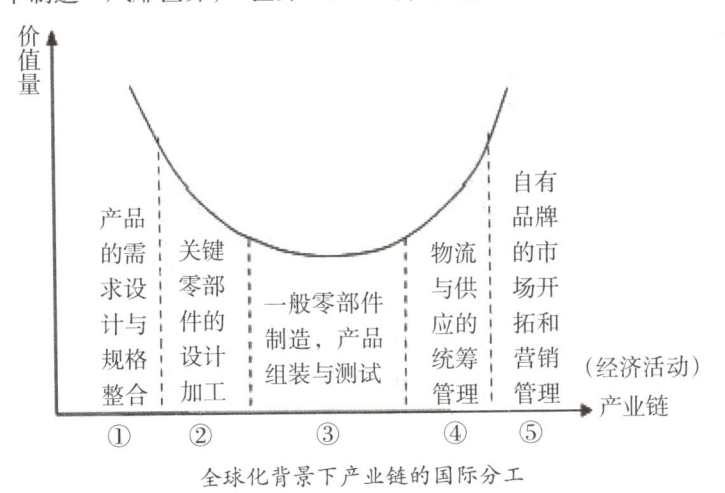

全球化背景下产业链的国际分工

进入20世纪90年代以后,计算机技术和通信技术得到迅猛发展,信息全球化、网络化开始形成;由航空业、远洋运输业、高速公路网连成的全球性高速交通网也初具规模,经济全球化进程正在明显加快。在经济全球化的时代背景下,"世界工厂"已有了不同于过去的新内涵。从国际分工地位的角度来分析"中国世界工厂"问题,才是更为客观的。

经济全球化使世界经济以全球为版图配置资源,表现出了极强的经济活力。为顺应这一趋势,世界正在经历史无前例的大规模重新分工。一方面通过国际贸易快速增长,使国际分工的数量迅速增加;另一方面国际分工的模式出现了重要变化。

兰开夏郡的重要城市之一兰开斯特

三 雁田村全球化现象的理论和经验总结

从不同产业的全球分工，到产业内全球分工，又发展到企业内的全球分工。以跨国公司为载体，资金、人才、技术的全球流动正深刻地改变着世界经济格局。跨国公司的发展使国际分工进入一个新阶段，"世界工厂"也有了更广泛的内涵，其再也不能直接简单地等同于国家的经济地位和国际竞争力，而后者是依据一个国家在全球国际分工中究竟处于什么地位而定。

按照在国际分工中的地位，"世界工厂"可以分为3类。一类是来料加工型的"世界工厂"。由于发展中国家劳动力便宜，跨国公司就把发展中国家作为工业品的生产加工基地。这类"世界工厂"在国际分工生产价值链中处于最低端。第二类是原材料的采购和零部件的制造实行本土化为主，跨国公司控制着研发和市场销售网络。这种类型较第一种类型的层次提高一步，但仍然属于生产车间型的"世界工厂"。第三种类型是既具有研发能力和名牌，也控制着国际市场的销售网络，既在本土进行加工制造，同时也在全球范围内进行采购，以实现资源的最优配置。这一类"世界工厂"能够获得生产链的最大经济利益。只有成为第三类"世界工厂"，才能真正成为对世界经济有重要影响的经济体。

（2）中国制造业的发展与国际分工地位

在经济全球化的背景下，资本必然向生产成本最低、资本利润率最高的地方集中。国际分工由垂直分工发展到水平分工，现在已进入网络化分工。跨国公司对生产的一切环节在全球范围内进行资本与其他生产要素特别是劳动力要素的最佳结合，而中国在加工制造方面的优势则吸引着全球的跨国公司看好中国。

中国的劳动力资源丰富

中国极力发展高铁等装备制造业

  作为一个正在快速发展中的大国，中国拥有其他国家发展制造业无可比拟的很多优势：中国劳动力成本低廉、中国劳动力素质较高而且还在不断提高、困扰制造业发展的基础设施瓶颈障碍目前已经基本消除、中国工业配套能力较强、中国拥有广阔的国内市场、中国社会与政治环境稳定，等等。但是，中国制造业本身仍存在很多劣势：很少有属于中国的世界知名品牌、物流企业分散、基础设施薄弱、人才结构不合理。与工业先进国家相比，也存在着规模和质量上的显著差距。

  目前我国只是处在劳动密集型产业如纺织、服装、日用品等轻纺工业领域，以及劳动密集型与技术密集型相结合的组装加工业领域，如家用电器、电脑零部件等领域，可以说已成为世界的工厂，即上述第一、二种类型的"世界工厂"，而在资本密集和技术密集型的制造业领域，目前还不具备成为"世界工厂"的规模和水平。尽管中国工业制成品的产量相当大，但所获得的经济利益却并不大。在经济全球化背景下，能够获得最大经济利益的是发达国家的跨国公司。发达国家尽力参与并抢占各产业中的高技术和高附加值环节，同时将低技术与低附加值环节转移给处于发展阶梯较低的其他国家，从而完成产业价值链的分离和转移，以确

中国发展先进制造业势在必行

三　雁田村全球化现象的理论和经验总结

保效益和收益最大化。如美国跨国公司主要是把加工和装配的工艺过程置于中国，而将研发和销售等关键价值增长环节置于国内，显示出在跨国公司构建的全球生产体系中，中国处于较低级层次。因此，要成为上述第三种类型的"世界工厂"，中国必须继续保持比较优势，并不断缩小技术水平和生产规模上的差距，增强竞争优势。目前，中国大力发展高铁技术并向外出口，可以看做是从劳动密集型向资本密集型和技术密集型转型最为成功的案例。

机器人潮流正向中国制造业袭来

2. 融入到全球生产体系的雁田

雁田村的发展离不开全球化背景下全球生产体系的国际分工与产业转移。20世纪中叶开始，世界制造业面临深刻的战略性重组，美国、欧洲和日本等制造业发达国家在努力保持本国高新技术垄断地位的同时，以降低生产成本和提高市场竞争力为最终目标，在全球范围内进行了新一轮制造业资源的优化配置。世界制造业大规模转移为中国利用本国广阔市场和廉价劳动力的优势发展制造业提供了难得的机遇。在对外开放中，发达国家和地区陆续把劳动密集型加工制造业向中国沿海地区转移，之后把劳动密集型的高科技制造业如电子器件、通讯、计算机装配等向中国转移，又将部分资本密集型重化工业如石油化工等向中国转移。与此同时，发达国家从某些产业中的退出，给中国工业化过程腾出了空间。中国的沿海地区凭借先天的地理优势和开放政策，抓住了国际产业转移的机遇，利用各种资源包括资本、技术、人才、管理等向中国的集聚，加快传统产业的工业化进程和经济的跨越式发展，主动融入到了全球生产体系。虽然雁田村的发展只是一个小小的村庄案例，却反映出了全球化影响中国的整个进程，尤其反映了我国农村经济和社会结构在全球化力量推动之下的变迁过程。

从目前的经济状况上看，雁田村的集体总收入，2008年就达到了2亿元,纯收入1.31亿元,当年每个村民仅从村集体分红这一项的收入就达到了12 730元;2009年由于受国际金融危机的影响,村集体总收入稍有减少,为1.9亿元,但村级集体纯利润不仅没有减少,反而增加到了1.34亿元,每一村民从村集体的分红收入也不仅没有减少,反而增加到了13 610元;2010年,虽然村集体总收入稍有减少,为1.8亿元,但纯收入又进一步增加到了1.49亿元,村民从村集体所取得的分红收入也进一步增加到了每股(人)18 000元;2011年,村集体总收入随着国际和国内经济形势的好转大幅增加,为1.95亿元,纯收入进一步增加到了1.60亿元,村民从村集体所取得的分红收入进一步增加到了每股(人)19 778元;2012年,村集体总收入更是超过了2008年,达到历史最高水平,为2.11亿元,纯收入进一步增加到了1.72亿元,村民从村集体所取得的分红收入进一步增加到了每股(人)21 500元。我们根据2015年最近的一次调查得知,2014年村集体总收入达到了2.5亿元,村、组两级分红上涨到了2.7万元。

从产业结构的变迁上看,由于雁田村及其所在地区的温度、光照和降水条件都比较好,粮食作物在这里可以达到一年三熟(两季水稻加上一季冬种杂粮),许多热带水果(如荔枝、菠萝、香蕉、龙眼等)在这里也都生长良好,发展农业生产具有天然优势,因此历史上农业经济在整个雁田村经济中占

2015年胡必亮研究团队与村领导探讨雁田村未来发展(邹毅 摄)

据十分重要的地位。

从新中国成立后到人民公社时期前，雁田村的水稻播种面积基本上在7 000亩左右，单产一般在每亩200千克，因此，当时每年的水稻总产量基本上都是在1 400吨到1 500吨之间变化和波动的；到人民公社时期，水稻单产从每亩200多千克提高到了470千克，提高了1倍多，因此，粮食年总产量也从1 400多吨提高到了2 500多吨；从1979年开始实行家庭联产承包责任制以后，水稻单产进一步提高到了每亩700多千克，因此，即使由于从80年代中期开始大量地建设工厂、修建道路和学校等使水稻播种面积有所减少，但水稻总产量仍然在1981年和1984年突破了3 000吨大关（邓耀辉主编，2003：178-179）。1982年全村的农业总产值达到了107万元，而改革开放前的年农业总产值从来就没有超过100万元。

改革开放后，由于大量外资进入雁田村，许多"三来一补"企业和"三资企业"在雁田村建立起来，20世纪90年代中期最多时超过了400家，后来有些企业逐渐转移到别的地方去了；到2009年，尽管受全球经济危机的影响，雁田村的外资企业较前些年有所减少，但仍然有205家，整个村庄的经济结构随之迅速地从以农业经济为主转为以工业经济为主。继1984年该村工业总产值第一次超过农业总产值之后，现在农业的增加值仅占全村总增加值的一个非常小的比例；相应地，非农产业增加值已经占到了绝对的统治地位。以2008年为例来看，如果我们将雁田村域内所有企业的收入和村集体的收入都加在一起并用生产总值的概念来表示的话，雁田村当年的生产总值（即人们通常所说的经济总量）为55亿元，其中农业生产总值1 256万元，仅占0.2%；工业生产总值48亿元，占87.3%；商业服务业6.89亿元，占12.5%。

伴随着大量外资企业的进入，雁田村集体通过出租厂房、提供服务取得收入；雁田村民也可以为部分企业提供厂房，更多地是为外地打工者提供出租屋而取得收入；外商投资者则可以通过利用这里比较廉价的劳动力和各种其他资源为其国际市场提供丰富的加工产品，取得更多的盈利。因此，一个多赢的经济共同体逐渐形成，相应地，一个更加开放的、具有多元参与特征的新型社会也随之形成。

历史上农业经济在整个雁田村经济中占据重要地位

急剧转型与变迁中的雁田村（邹毅　摄）

（三）东莞雁田村从"世界工厂"到"世界市场"的转型

　　东莞，地处华南双城广州和深圳之间，在很多年以前广九铁路上的要冲东莞樟木头镇就成了香港人北上置业的第一站。"制造立市"，是东莞的基本发展策略，制造业也是这个穗港深夹缝中的新锐城市最大的优势。东莞与珠三角3大重量级城市之间，更多呈现互补而非竞争关系：东莞制造业需要融资支持，可以借助香港和深圳的资本市场；广州的高校和科研机构，可为东莞提供人才和智力支持；深圳则可以在产品营销和技术创新上，为东莞出谋划策。

　　诚然，在广州、深圳服务业比重越来越大的同时，并没有放弃制造业，但广州更专注于汽车、钢铁等重化工业，与东莞以日用消费品为主的轻型工业，并不存在实质意义上的竞争，而深圳孕育出来的一批高新技术和电子科技企业，产品更多面向国内市场，与东莞出口导向为主体的同类产业也不存在太多竞争。

　　实际上，东莞制造业转型升级是否顺利的最大变数来自这座城市本身。东莞的制造企业转型升级后，技术工人的紧缺会越来越突出，作为华南区域内一个二线城市，与广州、深圳相比，东莞对中高层技术人才的吸引力显然还不强，而且在整体

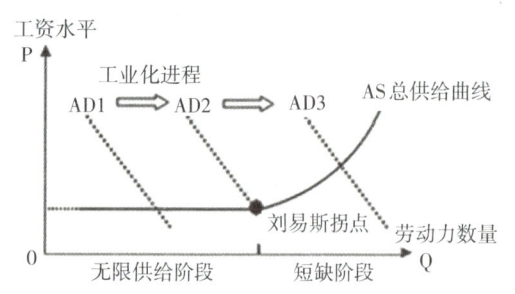

"刘易斯拐点"示意图。当工业部门扩张，就业创造速度超过农业剩余劳动力的增长速度，工业部门的工资便出现由基本不变到上升的转折——"刘易斯拐点"

现代化的东莞

经济即将临近"刘易斯拐点"时，农民工用工荒的问题愈发严重。要吸引和留住精英，东莞不仅需要更多的高新科技园这样的优质平台，还需要在提升东莞城市环境、文化和城市生活品质等方面多下功夫。

从国外发展态势看，东南亚、非洲等地区更加低廉的人力成本正在引起世界加工业的注意；欧美经济进入了调整期，国际品牌大厂削减成本的压力更大；加以汇率变动可能，未来"薄利多销"的代工模式将难以为继。从国内发展态势看，部分企业启动加薪来稳定就业局势，重新核定中国工人的工资，很有可能成为"世界工厂"的一种趋势。此外，代工工厂缺乏自身品牌与技术，光靠低廉人工所创造的附加价值很低，依靠数量才能获取足够的利润已经不具有持续性。

"世界工厂"给东莞市尤其是像雁田这样的农村带来了持续的财富增长，但在面临出口下降和"用工荒"等问题和矛盾时，发展遇到了瓶颈，人们也普遍对"世界工厂"的生产经营方式提出了质疑。"世界工厂"面临着转型考验，而雁田村是其中开拓探索发展新路子的一个典型村庄。雁田村作为东莞市正在转型的例子，目前取得初步成功的因素有以下几点：

第一，东莞市是"世界工厂"，珠三角的加工生产基地，制造业之都。雁田依托于东莞的区位优势和产业聚集效应，不断引进外资企业积累财富。

第二，完善的公共服务和基础设施促进了服务业的快速发展，保障了居民的就业、教育、医疗和社会治安。

第三，雁田村独有的临近深圳的地理

雁田村的社会公共服务十分完善（邹毅　摄）

优势，使得其成为深圳、香港乃至东南亚和世界投资、旅游、消费的集中地，促进了房地产业和服务业的发展。

第四，领导班子具有创新的村民治理思路和开拓进取的精神。村集体已经或将成立的小额担保公司、贷款公司和村镇银行，使得村里长期积累的财富可以创造更大的社会效益和经济效益。

第五，集中力量发展新兴产业、第三产业特别是服务业，吸引了大量的外来消费，并大力度进行宣传。

国内近几年房地产业飞速发展，雁田村也凭借临近深圳的区位优势、良好的社会公共服务和基础设施，吸引了大批开发商，村集体也参与开发了一些房地产项目。同时，与房地产业蓬勃发展相伴随而来的是金融业的发展。截至2013年9月，工商银行、农业银行、中国银行、建设银行4家国有商业银行和邮政储蓄银行，以及民生银行等都进驻到了雁田村，形成了完善的金融服务系统。

从产业转型升级来看，雁田正在经历从单纯的依靠外资办厂到依靠本土企业发展和转型作为工业上的支撑。下面以我们2013年8月最近的一次调查为例来说明：前面提到的东莞信依马达有限公司是一家很早就进入雁田村的日资企业，目前其产品20%在国内销售，80%出口国外，其中30%销往日本、30%销往欧美、10%销往东南亚。目前该企业负责人认为其面临的

雁田村的房地产项目之一：翠湖豪苑（邹毅 摄）

最大困难是税费的不断提高和中国人工成本的上升。从2008年爆发全球金融危机到2011年，该厂一直是连续亏损的状态，但在2012年转为盈利，这可能得益于全球经济的缓慢复苏。总的来看，这种外向型企业更多地依赖的是世界市场而不是中国市场。

之后，我们又调查了2013年刚刚进入雁田村的一家福建企业。该企业的老板姓林，有过很长的一段海外留学经历，而且非常年轻，只有30多岁。从与他的交谈中，我们深刻感受到了他与众不同的经营思维和创新的观念意识。林老板的公司以前主营业务是加工手机配件和生产样板模型机，现在利润率已从100%下降到20%。林老板的企业开始转型，逐渐从单纯的来料加工组装制造，发展到自己研发设计、采购和销售，即使接委托加工的订单，也限于高附加值订单。与原来相比，林老板的企业招收工人更加看重文化水平、职业技能、敬业精神和个人素质。当人工成本和原材料成本上升时，林老板的企业并没有转移到中部和西部的城市，而是来到了雁田村。林老板对此谈了自己的看法：一是尽管人工成本上升，但相比较东南亚的印尼、马来西亚以及内陆城市，雁田外来工人的生产效率更高，个人素质也比较好；二是相比较重庆等内地大力吸引外资的城市，雁田的生活配套设施和交通基础发达，但房租和人工却相差无几，企业没有动力搬迁厂房到内陆和西部；三是产业的集聚效应，同行业交流信息更方便，交易成本也更低。同时，林老板认为，目前面临最大的困难是中小企业融资和贷款难，中小企业丧失了很多发展的机会，尽管东莞市政府给予了很多帮助，但大的小企业信贷政策环境并未完全放开，现在的小额贷款主要是担保公司进行担保，而在美国、日本、欧洲等发达国家，政府的担保占据了主导地位。

搬迁至河南郑州的富士康科技集团

从服务业的快速发展来看，雁田村正经历一个大规模的变化，那就是从单纯依靠出口加工业的"世界工厂"逐渐转变为吸引国内甚至国外消费者的"世界市场"。下面也以我们2013年8月的调查为例来说明：在这次调查中，我们走访了几家高尔夫球场、酒店和餐馆等，这些地方主要针对外地消费者，我们深刻体会到了雁田村服务业最大的特点是其优质和低价，而且雁田村服务业人员

雁田村夜晚的湖光山色（邹毅 摄）

的服务意识很浓，真正做到了贴心和细致。同时，雁田村四周山水环绕的秀美自然风貌，也为来此消费的深圳、香港等地的顾客带来了不一样的消费体验。

此外，领导班子敢想敢干、开拓进取的精神也是雁田村成功转型的决定性因素之一。在与邓书记的交谈中，我们得知，村委会提出了东莞雁田城、深圳卫星城的口号，这正体现了领导班子已从观念上转变了单纯依靠"引进来"的世界工厂模式，还要积极地"走出去"，成为消费型、服务型和城乡一体化发展的新农村。2012年，村集体成立了小额担保公司，其发展公司也继续集中资金投资到深圳、香港的股市、债券等金融产品中。2012年金融投资为村集体带来纯收益8 000万元；

三　雁田村全球化现象的理论和经验总结

2015年11月天安数码城落户凤岗镇雁田村

仍在扩建中的雁湖公园（邹毅 摄）

2013年截至当年8月份，纯收益就已经达到了8 000万元。下一步，村集体计划用取得的利润，发展小额贷款公司和村镇银行等金融服务业，设立证券服务站等，以此"三部曲"的资本运作方式，帮助企业走出困境，同时激活村集体的资产。

在2015年的实地调查中我们还了解到，目前雁田村与陕西杨林农村商业银行达成了共同投资并参股，在雁田开办分行的协议，申请报告已通过广东、陕西两省银监局的批准，正在等待国家银监会的审批。

为推动雁田产业转型升级，雁田村已经摒弃以往卖地建厂房收租金和外汇留成的粗放模式，截至2014年底，该村已引进17家高新技术企业，其中尤其以维妮卫生用品有限公司、唯美陶瓷有限公司和天安数码城3家为重。维妮卫生用品有限公司建筑面积3万平方米，总投资3亿元，年税收近亿元；唯美陶瓷有限公司建筑面积5万平方米，总投资3亿元，年税收近亿元；天安数码城规划总建筑面积120万平方米，全部投入运营后预计可入驻企业1 000余家，实现年产值120亿元以上，年税收约20亿元。特别的是，雁田村看到了天安数码城巨大的品牌效应，村集体也入股了20%。值得一提的是，在原有的138家"三来一补"企业中，已有54家企业完成了转型。

此外，雁田村的领导也深刻意识到了今后经济转型升级的顺利展开离不开雁田村稳定的社会生活环境和基础设施。因此，村集体将继续完善雁田村的公共服务设施，建设雁田村图书馆和体育馆，以及更大型的社区公园。截至2014年底，雁田村拥有治安员、巡逻员216人，户管员73人。该村的环卫工作已实现全面市场化，由专门的环卫公司负责。同时，雁湖公园上半山的改造工程已于2014年完成，建成了沿山公路、绿化工程、亭台楼阁、观景平台、文化主题廊柱等设施，成为居民主要的休闲娱乐场所。2015年下半年，雁田村又开始进行老人馆、篮球馆、广场扩建和湖面治理等工程。

　　沧海当前，必当扬帆破浪；任重道远，更须砥砺奋进。为了探索集体经济发展的新方向，寻求从"世界工厂"到"世界市场"的新转型，雁田村人民先行先试、敢为人先，为实现"富村、惠民、幸福"的雁田梦，建设"美丽、宜居、平安、诚信"的新雁田，为建设我国社会主义新农村迈出了成功的一步。

四 全球化对我国新农村建设的启示

（一）
全球化新趋势与我国未来的发展机遇

1. 全球化的新趋势

近年来，全球化发展出现了很多新的现象或趋势。首先指出的应当是货币的国际化。美国前国务卿亨利·基辛格曾指出："如果你控制了石油，你就控制了所有国家；如果你控制了粮食，你就控制了所有的人；如果你控制了货币，你就控制住了整个世界。"英国经济学家凯恩斯也曾在1920年从另一角度指出："要颠覆现存社会的基础，再没有比搞坏这个社会的货币更微妙且更保险的方式了。这一过程引发了经济规律的破坏性一面中隐藏的全部力量，它是以一种无人能弄明白的方式做到这一点的。"当前，从总体经济实力看，我国已成为世界经济大国之一，但同时又是一个转轨中的发展中大国，其发展阶段水平和经济特征与当前主要发达国家显著不同。这决定了未来中国经济的持续增长，既有可能性，也有历史的必然性，但必须尽快融入全球经济一体化。同时，在融入有风险的全球化过程中，又要保持金融的相对独立性，因为历史上已有深刻的教训，发展中国家在参与经济、金融全球化的过程中，过度依赖中心货币国提供的货币、金融网络及服务，将给一国的发展增添新的不确定性风险（夏斌，2011）。因此，人民币国际化对我国具有重要的战略意义，有助于减轻当前美元主导的国

英国经济学家约翰·梅纳德·凯恩斯（1883—1946），是现代西方经济学最有影响力的经济学家之一。他于1936年发表的《就业、利息和货币通论》代表作引起了经济学的革命

人民币与其他国际货币的竞争

际货币体系对我国的不利影响。

其次，是文化与生活方式的同一化。全球化作为当代世界发展的大趋势，与在前全球化时期业已形成的民族文化的惯性之间存在着对立。全球化过程本身所具有的规律性在很大程度上限制了不同民族文化的自我防卫机制的发挥，使民族文化丧失自我保护的机会陡然增多，极易沦为被动的弱势一方。显然，全球化不能用个别文化所熟悉的手工艺工具和操作方式来实现，也很难完全适应民族文化一成不变的生产模式，因此需要一个相互适应与磨合的过程。

与此同时，不同文化间的交流、融合过程在很大程度上要受到国际关系变化的影响。其中比较重要的影响因素有：国家安全利益之间相互不信任所产生的不稳定因素，有时会打破国际关系的平衡状态；受经济利益驱动，国家之间有时会为获取最大利益而发生矛盾与冲突；国家范围内的非政府组织、国际性组织、民间社会组织作为一种独

民族文化保护从引导孩子学习本民族文化做起

四　全球化对我国新农村建设的启示

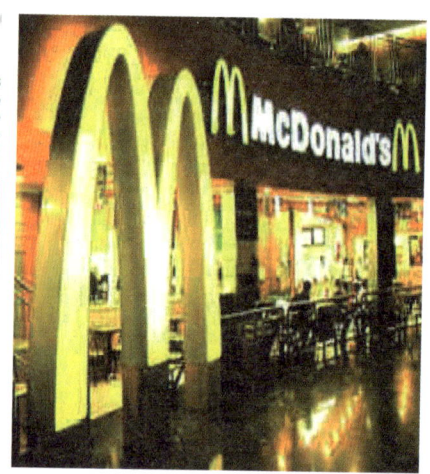

连锁快餐业的全球扩张与风靡

特的政治文化不断涌现并且日趋活跃,成为国家、地区与世界之间的特殊文化沟通桥梁,但它们由于属于非体制性文化,因而可能包含有反向作用的对立因素。这些因素因为具有国际性、跨国性背景,在与民族文化和民族认同交流时,既可能产生冲击,也可能会增加文化之间的交流与融合(苏国勋,2003ab)。

再次是国际移民的增长。中国的海外移民是中国走向世界的使者。随着经济快速发展,科技日新月异,中国的综合实力明显增强,与之相对应的是中国的国际地位与世界影响力不断提升。此时,如何向世界展现一个和平发展的中国,如何向世界宣示中国构建和谐世界的诚意与决心,成为中国发展过程中的一堂必修课,中国的海外移民正是充当了向世界宣传中国的使者。通过他们,中国可以加强与世界各国人民的沟通与交流,促进和加深相互间的了解、理解与认同。中国的海外移民也是世界了解中国的媒介。不可否认的是,当今世界对中国给予了越来越多的关注,但许多国家,尤其是西方的一些国家,对于中国的认知还相当模糊,那种历史形成的、陈旧的"固化"思维仍然存在。此

温哥华唐人街庆祝活动

中国人海外移民的主要目的地

外,中国的海外移民是中国继续深化对外开放的明确信号。一个开放的中国应该是一个宽容的中国,应该是一个以理性的态度看待海外移民的中国,应该是一个对自身发展充满信心的中国。需要指出的是,许多中国人认为财富精英与知识精英的移民海外意味着财富的转移和人才的流散,同时为中国未来的发展增添了一丝不确定感,这将会给正处于经济转型、社会发展时期的中国带来不利影响。事实上,只要中国善于利用这部分资源,充分发挥出这些海外移民沟通世界、传播中国的桥梁作用,对于中国国家形象的塑造、国际地位的提升以及国内外环境的优化,将有着重要意义(陈积敏,2014)。

2. 新趋势下我国未来的发展机遇

毫无疑问,全球化仍然是未来世界经济发展的大势所趋。面对更加迅猛的全球化浪潮,中国怎样趋利避害,在全球化进程中获得更多利益,需要我们作出正确的策略选择。

第一,积极推进我国区域和自由贸易区建设。为此,除了继续支持中韩、中澳等自贸协议的开展实施和广东、福建、上海、天津自贸区的建设,推进全球贸易投资自由化之外,我国须加快制定自贸区总体战略,在扩大公众了解、减少国内阻力的基础上,加强与不同区域、不同特点经济体的大胆接触和深

广东自由贸易试验区之一

上海自由贸易试验区

度探讨，加快推进我国区域和双边自由贸易安排的深度建设。我国新农村建设也要抓住自贸区建设的契机，发展外向型经济，借助外部力量推动经济结构变迁。

第二，积极参与全球治理和规则制定。金融危机后，各国积极参与全球治理和规则制定，希望在利益分配格局中争得更大发言权和实际利益。随着我国经济实力的快速提升和与世界经济的不断融合，全球治理及其规则的走向直接影响到我国切身利益，各国对中国发挥更大作用既有期待也想尽办法予以制约。对此，我国一方面要敢于承担与国际地位相匹配的大国责

"一带一路"区域

任,另一方面不仅将开放视为挑战,更应看到规则制定和我国市场开放重点与改革长期目标具有一致性。因此,须以更加积极、开放的态度参与全球治理和规则制定,依托"一带一路"战略和设立亚洲基础设施投资银行的重大契机,实施新一轮高水平对外开放,加快构建开放型经济新体制,以开放的主动去赢得发展的主动和国际竞争的主动。

第三,大力发展教育和科学研究事业。经济全球化要求我国具备一批能与国际接轨的专业性人才队伍,以支撑国际间的交流与合作。我国要高度重视教育发展,努力加大对本国人才的培养力度,切实推行人才强国政策,重视提高国民的文化素质和创新能力;要增强国民法律和规则意识;妥善处理好竞争与合作、开放与风险、效率与公平、经济发展与生态平衡等矛盾,化弊为利,促进经济社会的可持续发展。科研事业中,要重视新技术的运用,以信息化推动工业化。对传统产业,如纺织业和钢铁业,通过引进和运用新技术给它们注入新的活力,如广泛运用计算机和人工智能提高其竞争力;对新技术革命下诞生的新兴产业,如互联网和生物工程等领域,争取在一两个领域获得突破,发展成适合本国国情的主导产业,并以主导产业的发展带动其他产业的发展和升级。

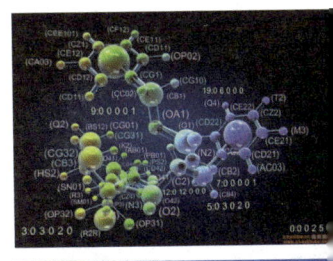

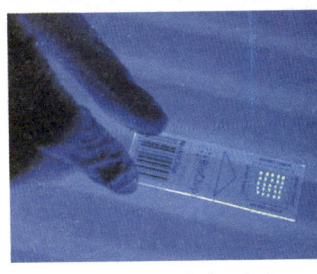

第四,深化金融体制改革、鼓励创业和创新发展。加强金融监管,在建立风险预警和危机处理机制的同时,重点要加快

哈佛大学研究人员将1本大约有5.34万个单词的书籍编码进不到亿万分之一克的DNA微芯片,然后成功利用DNA测序来阅读这本书。这是迄今为止人类使用DNA遗传物质储存数据量最大的一次实验。

雁田村未来的希望(邹毅 摄)

四 全球化对我国新农村建设的启示 | 133

加快政府金融管理职能的转变是一项重要工作

政府金融管理职能的转变。政府的金融管理职能要转向创造公平竞争的体制环境和加强调控的有效性上来，应废除歧视性政策，放宽市场进入标准，按照统一的市场监管原则鼓励各类金融机构展开充分竞争。对行政垄断、地方保护主义和恶性竞争要依法规范和治理，要修正过去主要以行政手段为依托对企业创新所采取的单向行为，代之以宏观间接调控机制，正确引导企业的科技创新，鼓励青年人创业，激发经济活力。

第五，转变经济增长方式，扩大内需，降低对外贸易依存度。尽管第二波全球化是西方国家尤其是跨国公司出于降低成本和在全球范围内进行产业配置而主动创造的，并以制造业和服务业外包的方法发动，但在客观上被中国抓住并成就了出口导向型的战略机遇，成为了经济全球化红利的最大受益者之一。如今，随着国内劳动力成本上升和外贸出口下降，这种红利变得越来越少，其标志是2008年以来的金融危机。因此，我国应适时改变策略，主动应对变化，转变投资和出口推动的经济增长方式，积极扩大内需，降低对外贸易依存度，在加入全球分工体系的基础之上，更强调利用全球的优质要素发展本国经济，逐步走向全球创新价值链和产业链高端。

第六，中国企业应积极参与研究与开发的全球化合作。要加大对外投资，鼓励企业走出去，发现"盲点"，避免在国内开发一些国外已经相当成熟的产品，以推动企业对技术的引进、消化、吸收、创新等工作向更高的层次发展，使企业站在全球的高度，按照自己的思路对世界技术发展作出自己的理解和判断，把技术开发和引进引向更高的层次。

跨国产业转移是一种双向行为，未来世界经济发展的大趋势是经济一体化和信息化不断加强，中国要充分利用这种趋势，将国内过剩的产

中国劳动力红利正变得越来越少,面临"刘易斯拐点",应适时调整经济发展战略

能转移出去,大中型企业必须走国际化经营之路,走开放、竞争、发展之路。在经济全球化越来越深入发展的情况下,谁能充分利用国际市场,谁就能发展得更快,从而也就更具有竞争力。在大量吸引外资的基础上,中国也应逐步培养壮大自己的跨国公司,进入吸引外资与对外投资并举的新阶段,在全球生产价值链中获得更多的利益。

中国能否成为"世界工厂",更多的不是一种目标,而是客观发展的过程,而这种过程正是与跨国公司在全球的网络化生产以及中国在当今国际分工中的地位紧密结合的。中国所追求的应不仅仅是"Made in China",而是成为如英国、美国一样的世界经济的重心。也就是说,中国不仅应成为一个工业生产大国,同时也应逐步成为一个工业生产强国。过去几年中国在拉美国家的实践已经被证明是十分成功的,拉美的港口和高速路上呈现着中国远洋集装箱繁忙的物流景象,拉美的许多重点大学纷纷设立汉语教学科目,而新的交通基础设施项目正在将拉美内陆通达到太平洋一侧。

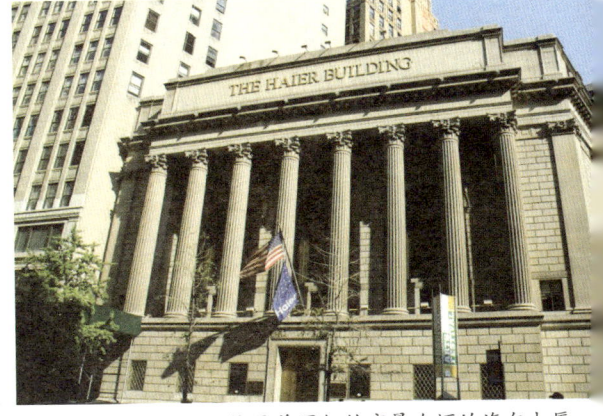

位于美国纽约市曼哈顿的海尔大厦

四 全球化对我国新农村建设的启示

中国投资在玻利维亚的一座光伏发电站

（二）
全球化背景下我国新农村建设的改革方向

从前面的论述，我们有理由说，全球化应该是影响中国农村经济的可能的持续性力量。不仅是雁田村这样的处在社会主义改革开放前沿的新农村，其他中西部和落后地区的农村，也需要在国际经济格局和国内经济形势变化的背景下，适时调整发展策略，找到能推动自身长期稳定发展的突破口。通过对雁田村深入的案例分析，我们总结出以下几个全球化趋势下我国新农村建设的改革方向。

第一，不断提高农业现代化水平。加入WTO后，面对国外大量优质低价农产品的涌入，以及国外农业优质、高效的生产理念和发展能力，中国的农业生产也在积极向标准化、规模化、信息化、机械化方向发展，由此建立了一批优质农产品生产基地，培育了一批具有带动和示范作用的产业化龙头企业，初步形成了特色、优质、安全、高效的农业产业体系，促进了农业结构调整和农民收入增加。在此基础上，我国政府如今又提出了大力发展现代农业的政策措施。广大落后地区的农村要抓住这一机遇，积极学习沿海发达地区农业发展的国际经验，优化自身农业结构，将粗放生产经营逐渐转变为集约化的生产和经营方式，与发达国家和国际市场接轨，参与到国际竞争中去，从而借助全球化的力量由传统农业加速向现代农业转变。

第二，培养具有国际视野的新型农民。在参与经济全球化的竞争中，中国的农业生产者与世界的联系更为紧密。他们开始主动学习发达国家先进的农业科学技术、经营管理理念，尝试在国际背景下谋划自己的生产与经营。很多农业投资者开始走出国门进行投资，一些地区的农民也尝试利用基金、期货等现代的金融工具来规避风险、安排经营，这在我们所调查的雁田村案例中尤其有体现。新型农民的成长对于未来中国农业、农村经济发展具有重要意义。在最近的一次调查和采访中，我们就向村里的干部建议，在原有小额担保公司和投资公司的基础上，设立村镇银行，以更有效地利用村集体这些年积累的资本，造福雁田村和村民，更好地完善雁田村的基础设施，提高村民的收入和福利水平。另外，我们还建议村集体抓住新兴市场国家发展的机遇，向海外进行投资建设，例如非洲和一些东南亚国家，利用其劳动力和土地资源等优势创造更大的价值，进一步完善雁田的经济发展模式，也帮助其他发展中

黑龙江省的现代农业

河北省的新型农民

国家摆脱贫困,造福世界。雁田村的领导们应当说是具有国际视野的,他们欣然接受了建议,并把我们的建议考虑到下一步的发展计划中。

第三,不断深化农村和农业改革。过去十几年来,我国农业政策调整和体制改革与加入WTO密不可分。我国彻底取消了农业税,初步建立了强农惠农政策体系,而在稳定和完善农村基本经济政策的基础上,不断推进农业和农村发展更离不开世界的市场。全球化下的农业改革,要具备国际化视野和开放的态度,积极引进外资,使其参与到我国现代农业的开发建设中;而全球化下的农村改革,更要使我国广大的农村市场和全球的市场紧密结合起来,结合城乡一体化和新型城镇化的模式,走多元发展的道路,彻底改变我国农村发展滞后于城市、农民收入与城市居民收入差距愈发扩大的趋势,使更多的农村也获益于我国的对外开放战略和世界经济的发展。

上图:吉林海外农业集团在俄罗斯的粮食基地;下图:该集团在赞比亚计划开发土地10万公顷

城乡一体化发展

138 | 全球化与新农村
——广东雁田村个案研究

第四，不断提升农民组织自治程度。中国传统的分散经营的小农经济不能在世界农业竞争中取得主动权。在中国走向全球化和经济一体化的趋势下，农民的合作意识、市场主体地位、国际视野以及在市场竞争中的话语权都获得了长足发展。中国特殊的农村治理模式，在改革开放初期曾引领社会生产力的解放和经济改革的步伐，这尤其以家庭联产承包责任制和乡镇企业的发展为代表。在全球化和经济一体化的新形势下，如何进一步变革我国农村的治理模式，使之更加适应国际分工、产业转移、现代农业、城乡一体化和新型城镇化的趋势，是目前亟须探索和解决的命题。

中国第一个村民委员会于1982年在广西宜州市屏南乡的合寨村成立

第五，因地制宜地促进社会主义新农村的经济转型发展，化解农村经济发展的深层次矛盾。加入WTO后，我国农业领域积累了不少矛盾，显示出了弊端。为此，国家积极推动优势农产品出口，解决农产品滞销问题，推动了外向型地区农民收入的增长。与此同时，我们更加受益的是，随着国际分工中劳动密集型产业的大量转入，我国大规模农村剩余劳动力的就业问题得以解决，更促进了农民收入的进一步增加。但新的问题是，国际经济形势不容乐观，单纯的出口加工业处在产业链低端，美国金融危机、欧洲债券危机和新兴市场泡沫破裂等问题逐渐演变成全球化下我国新农村经济发展的阻碍。我们不能坐以待毙，而应主动出击，调整农村经济结构，发展现代农业和规模化产业化经营，淘汰原有承接的传统加工工业，发展高附加值高利润的新兴产业和服务业，发展农村金融，以规避新的国际格局下全球化给我国带来的经济风险，真正通过技术升级、制度变革、人力资本等要素的增加，使农村经济获得健康长远的发展。

中国企业开始在海外投资房地产

四 全球化对我国新农村建设的启示

村集体在阳江市投资建设的温泉度假村（张斌　摄）

第六，不仅"引进来"，还要"走出去"。美国、日本等国以高科技和新兴工业为支柱，欧洲和澳大利亚以高端制造业和服务业为支柱，中国还处在大规模低端制造业的水平，而在中东、非洲等地区有着广泛的资源和廉价的劳动力，我国像雁田这样发展并富裕起来的新农村，不能仅局限于"世界工厂"，还要投资海外的优质资源，转型为"世界市场"，为其他贫穷国家创造财富，也为自身的转型打好物质基础。这一点是和具有国际视野的新型农民密不可分的。只有在从村集体领导干部到村民小组组长，再到普通村民中培育出具有国际视野的新型农民，才能贯彻落实"走出去"的发展战略，使农村生产力出现新的变革。可以说，具有国际视野的新型农民是主体，而"走出去"的发展战略是我国新农村适应全球化趋势、利用好全球化趋势的必要条件。

非洲等欠发达地区应该说是适合我国发达地区农村"走出去"投资的理想目的地。近年来，中国企业对非洲基础设施投资增速很快，在非洲建成了大量市政道路、高速公路、立交桥、铁路和港口项目。在安哥拉，由中国企业承建的铁路修复工程，横穿安哥拉东西部；由中国铁建承建的本格拉铁路将于2016年内通车。中国通信企业在非洲参与了光纤传输骨干网、固定电话、移动通讯、互联网等通信设施建设，扩大了非洲国家电信网络的覆盖范围，提升了通信服务质量，降低了通信资费。中国企业在坦桑尼亚承建的光缆骨干传输网，除覆盖坦桑尼亚境内主要省市外，还连接周边6国及东非和南非海底光缆，提升了整个东非地区的通信一体化水平。中国企业在赤道几内亚承建的马拉博燃气电厂项目，有望从根本上改善马拉博市及毕奥科岛的电力供应状况，并对周边地区农业灌溉、生态旅游具有较大促进作用。根据德勤咨询公司的报告，在2013年6月前开始动工的322个非洲地区大型基础设施建设项目中，由中国公司承建占比达12%（37%的项目由欧洲和美国公司承建，多为能源和电力项目），涵盖了铁路、公路、港口、油气田及发电站等各个领域。2011年，中国企业在非洲完成承包工程营业额361亿美元，占中国对外承包工程完成营业总额的3成，比2009年增长了28%。2012年，中国企业在非洲完成承包工

西南非国家安哥拉本格拉铁路，是我国继坦赞铁路之后，在新世纪承建的海外最长铁路，全长1 344千米，横贯安哥拉全境，将成为大西洋与印度洋之间国际铁路通道的一部分

中兴集团在非洲的总部大楼

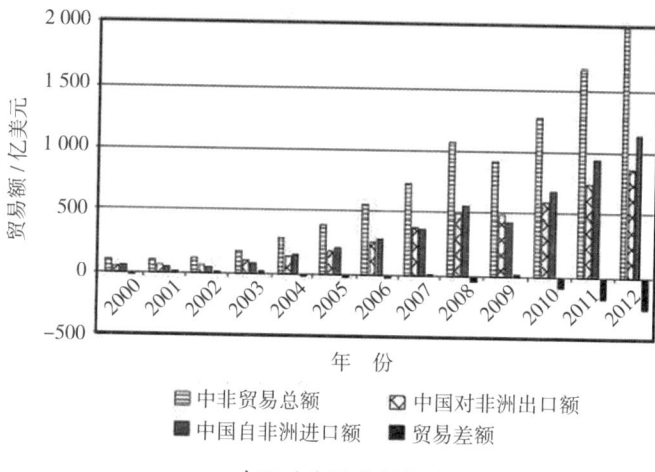

中国对非洲的贸易增长

程营业额408.3亿美元，比2009年增长了45%，占中国对外承包工程完成营业总额的35.02%。截至2013年底，中国企业在非洲累计签订的承包工程合同总额已接近4 000亿美元，累计为非洲铺设铁路超过2 200千米，修筑公路超过3 500千米（刘青海，2014）。

五 结 语

2014年12月，习近平总书记在中共中央政治局第十九次集体学习会议上强调"以开放促改革、促发展"，"加快构建开放型经济新体制"的要求；李克强总理在2015年《政府工作报告》中提出"开放也是改革，必须实施新一轮高水平对外开放，加快构建开放型经济新体制，以开放的主动赢得发展的主动、国际竞争的主动"，并要求"构建全方位对外开放新格局"。在2015年5月国务院批转的发展改革委《关于2015年深化经济体制改革重点工作的意见》中，明确提出了"构建开放型经济新体制，实施新一轮高水平对外开放"的要求，开启了我国对外开放的新篇章。

2015年，国务院连续印发了《关于加快发展服务贸易的若干意见》（国发〔2015〕8号）、《关于加快培育外贸竞争新优势的若干意见》（国发〔2015〕9号）和《关于改进口岸工作支持外贸发展的若干意见》（国发〔2015〕16号）等政策文件，大力推进丝绸之路经济带和21世纪海上丝绸之路（"一带一路"）战略的展开，发展上海、广东、天津和福建自贸区，建设互联互通、大通关和国际物流大通道，构建中蒙俄、中巴、孟中印缅等经济走廊，签署中澳、中韩等自由贸易协定，全力助推新一轮的对外开放，进一步将中国经济融入到全球化的浪潮中。

邓小平说过："关起门来搞建设是不能成功的，中国的发展离不开世界。"事实证明，中国农村的改革和发展也是离不开世界的。一个敢于向全球开放自己的国家，永远不会沦为世界经济的孤岛；一个将"三农"视为重中之重的人口大国，永远不会使自己在国际化浪潮的冲击下，丢失经济发展的主导权。中国加入WTO虽然只有短短的十几年，但通过积极参与国际经济分工和国际事务，如今在国际贸易中长期占据重要的一席之地。未来机遇与挑战并存，我们不能丢失改革的勇气和决心，而应继续迈开脚步，实行更加积极主动的对外开放战略，以开放促发展、以开放促改革、以开放促创新，建设好我们的社会主义新农村；要在全球化浪潮中争夺更加有利的位置并拥有更重要的话语权，从而使我国经济能够实现更加快速和健康的长久发展！

参 考 文 献

★ 鲍威尔 S，高里 P. 2011. 全球化［M］. 杨凯，译. 北京：世界图书出版公司.60-62.

★ 陈积敏. 2014.全球化与海外移民［EB/OL］.［2014-01-23］http://www.zaobao.com/forum/views/opinion/story20140123-302696/page/0/1.

★ 邓小平.1993.邓小平文选：第3卷［M］.北京：人民出版社.117.

★ 戈尔丁 I，瑞尼特 K.2008.全球化与发展问题研究:贸易、金融、援助、移民和政策［M］.张蓝予，王林，译.北京：经济科学出版社.30-33.

★ 国际货币基金组织.1997.世界经济展望：1997年5月［M］.北京：中国金融出版社.1-4.

★ 胡鞍钢.2002.全球化挑战中国［M］.北京：北京大学出版社.14-17.

★ 胡必亮. 2002.全球化：对中国意味着什么［J］.中国经济快讯，(11)：17-18.

★ 胡必亮. 2007.新农村建设与全球化背景下的农村发展［M］//张晓山，赵江涛，钱良举，主编.全球化与新农村建设.北京：社会科学文献出版社.25-35.

★ 胡必亮.2012.雁田新治理［M］.北京：中国社会科学出版社.3.

★ 李琮.1995.论经济全球化［J］.中国社会科学，(1)：25-38.

★ 刘青海.2014.中国对非洲基础设施投资现状及前景［EB/OL］.［2014-12-16］http://www.21ccom.net/articles/world/zlwj/20141216117612.html.

★ 刘玉玫,张芃.2003.经济全球化程度的量化研究［J］.统计研究，(12)：13-18.

★ 鲁格曼 A.2001.全球化的终结［M］.常志霄，译.北京：三联书店.289-291.

★ 罗肇鸿.1995.世界经济全球化一体化与制度创新［J］.世界经济，(10)：7-12.

★ 麦克卢汉 M.2000.理解媒介：论人的延伸［M］.何道宽，译.北京：商务印书馆.327-329.

★ 缪琦.2016.2016年技术贸易发展报告：中国研发投资占全球20% 技术进出口下行压力增大［EB/OL］.［2016-04-21］http://www.yicai.com/news/5005864.html.

★ 森 A.2001.有关全球化的十个问题［J］.朱雅文，译.国外社会科学文摘，(9)：35-36.

★ 斯塔夫里阿诺斯.1998.全球通史:史前史到21世纪［M］.2版.吴象婴，等译.北京：北京大学出版社.366-368.

★ 苏国勋.2003a.全球化背景下的文化冲突与共生：上［J］.国外社会科学，(3)：2-12.

★ 苏国勋.2003b.全球化背景下的文化冲突与共生：下［J］.国外社会科学，(4)：2-13.

★ 汤普森 G.2000.导论：给全球化定义［J］.国际社会科学杂志（中文版），(2)：7-21.

★ 王晓毅，张军，姚梅.1996.中国村庄的经济增长与社会转型：广东省东莞市雁田村调查[M].太原：山西经济出版社.70-73,75-76,81,84,123,125,128,149-150,186,195,214,237-259.

★ 习中洋.2008.天下邓姓源邓州[N].人民日报海外版，2008-11-20（7）.

★ 夏斌.2011.人民币国际化是迫不得已的追求[N].深圳商报，2011-11-09（B2）.

★ 张丽.2012.经济全球化的历史视角：第一次经济全球化与中国[M].杭州：浙江大学出版社.157-166.

★ 中华人民共和国国家统计局.2011.中国统计年鉴2011[M].北京：中国统计出版社.

★ 中华人民共和国商务部，中华人民共和国国家统计局，国家外汇管理局.2015.2014年度中国直接对外投资统计公报[M].北京：中国统计出版社.

★ Amin S.1996. The challenge of globalization [J]. Review of International Political Economy, 3（2）：216-259.

★ OECD.1992. Technology and the economy: the key relationship [R] // Final report of the TEP, OECD. Paris：OECD.104-107.

★ Raghavan Ch.1996. What is globalization [J].The Third World Resurgence, (11)：54-56.

★ Tikly L, Lowe J.2002.全球化与技能发展：来自南部非洲的经验[J].杨晓波，译.比较教育研究，(S1)：226.

★ UNCTAD.1997.Trade and development report 1997 [R]. United Nations, Geneva: UNCTAD.1-35.